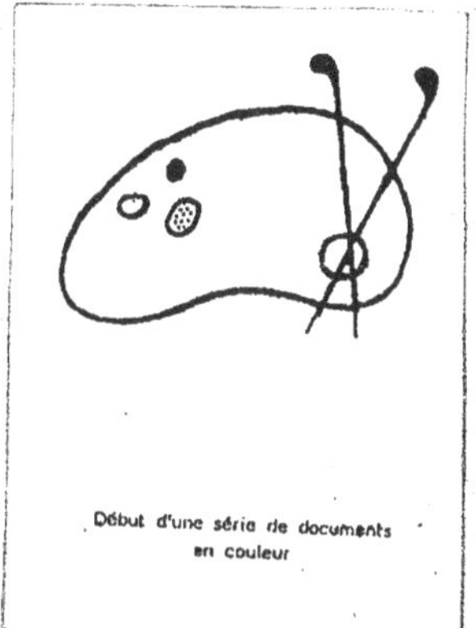

Début d'une série de documents
en couleur

ÉLIE RECLUS
1827-1904

Ulrike Thomson

ÉLISÉE RECLUS

1830 - 1905

Séance de rentrée du 3 novembre 1905

DISCOURS

PRONONCÉ PAR

Monsieur le Recteur GUILLAUME DE GREEF

ÉLOGES

d'ÉLISÉE RECLUS et de DE KELLÈS-KRAUZ

GAND

SOCIÉTÉ COOPÉRATIVE « VOLKSDRUKKERIJ », RUE HAUTPORT, 39

1906

8' G
9926

La Terre, l'Homme et la Société

I

Les deuils récents qui ont si lourdement frappé l'Université Nouvelle, au cours de la onzième année do son existence, m'imposent, de même que l'année dernière, de consacrer ce discours à la mémoire des dévoués et vaillants collègues et amis que nous venons de perdre.

Ce fut certainement aussi un des fondateurs de notre institution, Georges Stein, le courageux étudiant, qui lors de l'incident qui donna naissar :e à notre Université, se risqua et réussit à obtenir chez nous le diplôme légal de docteur en droit et qui ensuite prêta son concours à notre Institut industriel. Ce fut également un de nos collaborateurs de la première heure, le Dr Paul Coremans, qui donna chez nous les cours d'histologie et de bactériologie, avant que notre Faculté de médecine ne fut arbitrairement supprimée. La mort a prématurément fauché toutes les promesses que leur talent et leur dévouement tenaient en réserve pour l'avenir ; mais leur souvenir restera attaché à l'histoire de notre œuvre aussi étroitement qu'ils y furent attachés eux-mêmes.

de Kellès-Krauz, est mort le 24 juin 1905 à Pernitz, près de Vienne, à l'âge de 33 ans, après avoir publié de remarquables études de science sociale qui étaient le germe et la promesse d'œuvres plus importantes ; Élisée Reclus a succombé à Thourout, le 4 juillet 1905, ayant parcouru heureusement la vaste carrière qu'il s'était proposée ; la fin brusque du premier fut une banqueroute, celle du second, le repos justement mérité par le travailleur.glorieux qui a accompli son labeur.

de Kellès-Krauz est un disciple de K. Marx. Son idéal est le communisme. Élisée Reclus était anarchiste, mais son idéal était également le communisme. L'un et l'autre sont des sociologues en ce sens qu'ils subordonnent leur idéal à la science.

C'est ainsi que les deux doctrines arrivèrent à s'enseigner naturellement dans toute leur ampleur à l'Université Nouvelle, dont la fonction est d'être un centre international de convergence de toutes les doctrines différentes et ainsi de préparer leur fusion.

C'est ce qu'avait bien compris Élisée Reclus quand, dans le discours d'ouverture qu'il prononçait le 22 octobre 1895, il disait :

« De quel droit parlé-je ici de vouloirs et d'efforts com-
« muns, alors que nous présentons, comme individus, de si
« grandes diversités par les idées et notamment par l'idéal
« sociologique ? Ce parfait accord que nous invoquons, ne
« serait-il qu'illusion pure, et l'unité qui nous est indispensable
« serait-elle chimérique ? Non, cet accord, cette unité existent
« bien ; tous nous reconnaissons la liberté de la pensée. Une
« libre flamme brûle sur l'autel que nous avons dressé de nos
« mains. La science a aussi le lien résultant de la communauté
« de méthode : la volonté ferme de ne point tirer de conclu-
« sions qui ne dérivent de l'observation et de l'expérience. Enfin
« nous comptons sur un troisième lien, celui que les élèves et les
« auditeurs noueront entre nous par leur amour de la vérité, par
« leur haut esprit d'étude sincère et désintéressée. »

Ajoutons qu'il s'en formera un autre encore plus important et plus indépendant de nos volontés particulières. De même que Rome en érigeant un temple à tous les dieux de l'Univers, prépara le dieu unique, de même, en élevant un temple à tous les idéals scientifiques particuliers, nous espérons contribuer à leur fusion et à la formation d'un système supérieur à tous les systèmes particuliers. Ici, à l'Université Nouvelle, toutes les doctrines arrivent à se mettre en contact ; par là même leur caractère relatif domine leur absolutisme isolé et il finit par apparaître même aux yeux de leurs partisans les plus ardents, que les ressemblances entre elles sont plus importantes que les différences. Plus même les dissemblances individuelles augmentent, plus elles s'atténuent, de telle sorte qu'en fin de compte la différenciation progressive nous apparaît comme le procédé naturel de l'unification et de la fusion des croyances; cette fusion devient d'autant plus complète, que chaque individu pense d'une façon plus originale. Le fait que de Kellès-Krauz marxiste et Élisée Reclus anarchiste avaient le même idéal, n'en est-il pas une preuve évidente ?

II

Casimir de Kellès-Krauz était né en Pologne en 1872. Après avoir étudié les sciences physiques, il suivit les cours de l'Ecole des Sciences politiques à Paris. Il y reçut le grade de docteur. Considérables sont ses travaux sociologiques, économiques et politiques dispersés dans les revues françaises, allemandes, polonaises. (1)

A Paris, à l'Ecole libre des sciences sociales, à Bruxelles à l'Université Nouvelle, ses leçons sur la Dialectique sociale, sur la sociologie marxiste, sur la loi de rétrospection sociale, attirèrent l'attention; il s'y montra un excellent professeur, plein de clarté et de méthode, aimé des étudiants. Ces leçons de Paris et de Bruxelles ont paru récemment en un volume sous le titre de : *la Sociologie au XIXe siècle*. Un autre volume, paru antérieurement en langue polonaise, comprend dix études sur des sociologues morts au cours de ces dernières années : Spencer, Schaeffle, Lilienfeld, Tarde, Coste, Mikhaïlovsky, Labriola, Letourneau et Lorenz.

Il était un des membres les plus énergiques du parti socia-

(1) Les travaux sociologiques et économiques spéciaux de de Kellès-Krauz ont été publiés notamment par la Revue Internationale de Sociologie, le Neue Zeit, les Socialistische Monatshefte, et par des revues polonaises : Revue philosophique, la Vérité, l'Athéneum, la Voix, etc. Les plus importants de ces travaux furent publiés en brochures : La loi Sociologique de la rétrospection (Varsovie 1898) ; les bases économiques des formes primitives de la famille (Paris 1900) ; l'évolution de la Sociologie (Varsovie 1902).

Ses écrits politiques sont dispersés dans la presse périodique polonaise : L'Aurore, la Lumière, la Critique. Les plus remarquables, publiés sous le pseudonyme de Michel Lusinia, sont : La politique internationale du prolétariat (Aurore, 1897, n° 10); l'Europe contre la Russie (Ibid. 898, n° 2); le Socialisme et la paix européenne (Ibid. 1903 nos 3 et 4) ; La question juive (La Critique 1904) ; l'Indépendance de la Pologne et le matérialisme historique (Ibid. 1905). Il publia aussi quantité d'articles politiques dans des revues : le Devenir social, la Revue de Paris, l'Humanité Nouvelle, la Revue Socialiste, l'Arbeiter Zeitung, le Messager de la Russie révolutionnaire. Depuis 1893 jusqu'en 1899, il fut le collaborateur principal du Bulletin du parti socialiste Polonais, destiné surtout à informer l'étranger sur le mouvement polonais. C'est là qu'il publia la lettre ouverte du parti socialiste polonais aux socialistes français sous le titre de : Alliance franco-russe (Bulletin, n° 12). Il faut ajouter deux brochures françaises publiées sous le pseudonyme Elehard Esse : Socialistes Polonais et Russes (Paris 1899) et le Parti socialiste Polonais (Paris 190:).

Sous le nom de Michel Lusinia, il publia aussi quatre excellentes brochures de propagande populaire : 1) Comment les peuples se gouvernent-ils ? ; 2) N'avons-nous pas la corvée au temps présent ? ; 3) L'Indépendance dans le programme socialiste (1900) ; 4) Discours aux camarades sur le socialisme et le patriotisme, la Constitution et l'indépendance.

liste polonais et du Comité étranger de celui-ci ; son œuvre de propagande et de combat fut énorme ; son influence fut grande sur la jeunesse étudiante de Pologne ; il était excellent orateur et organisateur inlassable. Il allait se rendre à Varsovie pour prendre part aux évènements, quand la maladie et la mort l'emportèrent.

Mais ici, c'est surtout du théoricien que je veux parler, de l'auteur de « la Sociologie au XIX⁰ siècle » et du rapport remarquable fait au Congrès de l'Institut international de sociologie tenu à Paris en 1900, sur le Matérialisme historique (1).

Il s'y affirme comme le disciple fidèle de Marx, mais le phénomène essentiel est qu'en travaillant à clarifier la théorie du maître, il arrive à admettre la plupart des critiques faites par les penseurs dissidents, précisément en les considérant comme impliquées dans la doctrine. C'est ainsi que commence toujours en somme à s'opérer la fusion des dissidences.

Dès 1859, dans « Critique de l'Economie politique », Marx avait résumé sa philosophie sociale. de Kellès-Krauz nous le montre sorti de l'idéalisme allemand qui avec Hegel « marchait sur la tête » ; Marx a redressé cette attitude et lui a donné la terre pour base. Engels et Kautsky ont perfectionné ses formules, « auxquelles, dit-il, Plekhanoff, Labriola, Loria, Rogers, Lacombe, Lippert et De Greef sont arrivés, mais ces derniers par d'autres voies ».

Il faut cependant remarquer que Marx eut des précurseurs ; ses théories avaient été préparées, d'un côté, par les doctrines d'A. Smith, de Ricardo, de J. S. Mill et de G. de Sismondi ; de l'autre, par les travaux de Ch. Hall, de Thomas Hodgskin, de St-Simon, de R. Owen et de W. Thompson.

D'après de Kellès-Krauz et conformément à Marx, l'homme s'adapte de mieux en mieux aux milieux par les modifications introduites dans ses instruments de production ; l'outillage, concurremment avec le milieu naturel, détermine le mode de production ; celui-ci détermine toute la vie sociale.

Il admet la réaction de l'idéologie sur le matérialisme économique. « De la même manière, dit-il, que la cire conditionne la flamme, celle-ci, à son tour, fait fondre la parcelle

(1) Annales de l'Institut International de Sociologie, T. VIII. p. 42 et Réplique p. 307-327. Il y publiait aussi en 1901 une étude très originale : De l'influence du facteur économique sur la musique. Au Congrès de 1903. il envoyait un mémoire important sur les rapports de la psychologie et de la sociologie.

suivante de la cire; la cause devient effet et l'effet cause. »
Ainsi il complète ou tout au moins précise la théorie du maître
et il la rend moins absolue qu'elle ne l'est dans la pensée de
certains de ses disciples.

Il explique de même ce qu'il faut entendre par la dialectique sociale : la force sociale tend toujours à se cristalliser, à se
figer; elle ne suit pas le développement incessant de son contenu
économique et autre; cependant, à un certain moment, ce développement se totalise et il apparaît que la force persistante
ne correspond plus au contenu; alors se fait une nouvelle
adaptation de la forme, c'est-à-dire des institutions; la thèse et
son antithèse aboutissent à une nouvelle synthèse; elles sont
évincées si on les considère isolément, mais en réalité fusion-
nées.

Par exemple, la possession des instruments de travail par
le producteur fait place à la séparation de l'instrument et du
producteur; mais la réassociation des deux se fait finalement
sous une forme nouvelle, la forme collective.

Chacune de ces formes historiques est nécessitée pour ga-
rantir la productivité dans l'état donné de l'outillage.

La formation des classes procède directement des modes
de production. Chaque classe lutte pour le pouvoir, élabore sa
conception de la morale, du droit, de la science, de l'art; chaque
classe a sa philosophie ou conception du monde. Ce mouvement est à la fois conscient et inconscient; il devient surtout
conscient grâce à la formation des classes, notamment de celle
du prolétariat. Alors, l'idéal redevient la société sans classe, la
société possédant et dirigeant en commun les moyens de production; cet idéal devient celui du bonheur social. « Ainsi se
ferme le cycle dialectique de l'histoire » mais, ajoute-t-il immédiatement et sagement, « de l'histoire que notre connaissance
a pu atteindre jusqu'à présent dans le passé, et prévoir dans
l'avenir. »

Le matérialisme économique est sa philosophie sociale et
il montre le lien qui unit cette philosophie au socialisme; il est
la philosophie du prolétariat. L'idéalisme rationnel est bour-
geois, mais la raison bourgeoise tourne en déraison.

C'est l'extrême gauche hégélienne, représentée surtout par
Feuerbach, qui a servi de transition vers le Marxisme. Mieux
que Comte qui regarde encore vers le moyen-âge, mieux que
Hegel qui tend à l'absolutisme, le Marxisme a favorisé une

synthèse supérieure à la fois au moyen-âge féodal et à son antithèse bourgeoise (1).

D'après de Kellès-Krauz, le Marxisme est un monisme économique, vue importante, car elle tend à débarrasser le Marxisme de sa conception dualistique, tout au moins apparente, du facteur matériel et des facteurs idéologiques. Il accentue encore le caractère relatif de la conception marxiste, en ajoutant que monisme économique ne veut pas dire que tous les faits économiques, particuliers à un pays et à une époque, s'expliquent par les seuls faits économiques propres précisément à ce pays et à cette époque. Des formes politiques, juridiques, religieuses, peuvent survivre à une base économique déjà disparue, mais il faut entendre que tôt ou tard ces formes sociales persistantes finiront par se modifier, pour se modeler sur la structure économique nouvelle. Toutefois, en attendant, elles exerceront une influence.

Ainsi, en atténuant le caractère absolu de la doctrine, il arrive à réduire l'importance de ce qu'on a appelé, dans les derniers temps, la crise du Marxisme et du Socialisme.

Il affirme hautement que l'idéal du prolétariat est libertaire et égalitaire; et ici encore, on voit que l'idéal marxiste se confond avec celui de Kropotkine et d'Élisée Reclus. D'où résulte la crise? De la force croissante du socialisme; c'est une crise de croissance. La société commence à subir sa pression, le vieux cadre fléchit; suivant Comte, la société devait s'incorporer le prolétariat; de Kellès-Krauz observe que déjà cette incorporation s'effectue. Les autres classes suivent dès à présent le mouvement du prolétariat, mais par cela même elles ralentissent la vitesse de sa marche; le Socialisme lui-même ralentit sa marche pour permettre aux autres classes de le suivre. Reste cette question troublante à laquelle de Kellès-Krauz ne répond pas et qu'il ne soulève même pas : la vitesse seule est-elle ralentie ou la direction même du mouvement ne sera-t-elle pas modifiée en partie, comme il arrive dans toutes les périodes synérétiques de l'histoire, de la religion et de la philosophie? (2)

Retenons seulement ici que la fusion tend à s'opérer de plus en plus entre les théories. de Kellès-Krauz reconnaît que la socio-

(1) *Comtisme et Marxisme*, dans la Revue Socialiste, mai 1901.
(2) *L'inventeur de la crise du Marxisme*, dans la Revue Socialiste, décembre 1900.

logie marxiste est essentiellement aussi psychologique, que le phénomène économique est aussi psychique.

J'ai ajouté que le phénomène idéologique est toujours aussi matériel ; laissons aux exégètes le soin de discuter, d'après les textes, si telle fut ou non la pensée de Marx et prenons acte de la concession ou du moins de la reconnaissance.

Reste à savoir si l'idée et l'idéal précèdent ou suivent le fait. On objecte à l'antériorité du fait que l'idéal d'une organisation communiste, l'idéal du prolétariat devance les faits économiques et que, dès lors, il ne peut être leur produit. Jaurès, notamment, proclame l'antériorité, dès le début de l'humanité, d'un sentiment de protestation contre « l'usage inhumain fait de l'homme. » C'est, d'après lui, le nœud du Marxisme. de Kellès-Krauz, pour le dénouer, expose en 1894 sa loi intéressante de la *rétrospection sociale* de Weisengrun. Il la présente comme la formule moderne et positive de la *négationnée* de Hegel, de la loi du retour à la nature de Rousseau, dè celle des *Ricorsi* de Vico. D'après lui, la source d'une conception à venir ne peut être cherchée que dans le passé, dans une forme sociale survivante comme le communisme primitif qui suscite un regret et dont l'imagination reconstruit un tableau idéalisé. Il en conclut que l'idéal social et le sentiment moral ont une généalogie économique. La forme primitive tend à se réadapter aux conditions nouvelles ; bien qu'en retard et même parce qu'elle est en retard, elle devient, grâce à son éloignement dans le temps, devancière, révolutionnaire et source d'idéal ; c'est « le mort qui saisit le vif, mais pour le pousser en avant. » Cette rétrospection sociale réalise l'unité de la vie sociale, de la base au sommet, de ses origines à son aboutissement. Ainsi « le même frisson parcourt toute l'histoire humaine en devenant sur ses cîmes un ouragan où crie l'espérance prochaine. Mais ce souffle et toutes ses modulations, viennent des profondeurs. »

C'est, sous une forme plus originale et plus poétique, *la loi du retour apparent aux formes primitives,* que j'ai exposée depuis long-temps ailleurs ; quant à la question de l'antériorité ou non de l'idée et de l'idéal ou du fait, elle me semble résolue beaucoup plus simplement par le principe sur lequel je base le monisme social, celui de l'inséparabilité du physique, de l'organique et du psychique dans tout phénomène social.

de Kellès-Krauz reconnait encore qu'après la division actuelle en classes, il y aura une nouvelle philosophie sociale une conception du monde élaborée par une société sans classes et à certains égards différente du Marxisme. Cela suffit à nous montrer la profondeur et la largeur de ses vues. « Ce que sera cette philosophie sociale, dit-il, on ne peut en juger par rien de ce qui existe ou a existé jusqu'ici ; et même personne ne peut le prévoir aujourd'hui, car toute prévision serait fatalement entachée d'un apriorisme de classe, qui n'agira plus à cette époque. » Et il ajoute, peut-être même avec une certaine exagération, car la prévision et la prévoyance scientifiques arrivent à s'étendre de plus en plus : « les problèmes de l'humanité ne se posent devant l'humanité qu'au moment où les éléments de leur solution sont déjà là, ne fût-ce qu'à l'état latent. »

Allant aussi au devant des objections tirées de la pensée assez confuse du Marxisme relativement au principe de la *nécessité historique*, terme aussi équivoque que celui de *matérialisme historique*, l'un et l'autre adoptés par son maître par réaction contre l'idéalisme et le rationalisme, il proclame que « les mouvements sociaux ne se font que par et dans les tous les hommes. »

Donc, pas de quiétisme fataliste ; Marx lui-même n'a-t-il pas dit, et de Kellès-Krauz y insiste : tout homme doit agir ? L'humanité doit s'élever à l'action consciente pour ne pas aboutir soit à l'aristocratie du superhomme Nietzschéen, soit à la nouvelle féodalité, doublée d'un nouveau mysticisme religieux, dont il faut signaler le danger, précisément pour réagir contre certaines tendances du Marxisme.

de Kellès-Krauz eut ce grand mérite de pratiquer et de vivre ce qu'il avait pensé ; il ne sépara jamais la théorie de l'action ; la mort l'emporta en pleine lutte et dans la pleine vigueur de sa pensée ; son enseignement et son activité ont laissé des traces que recueilleront les générations à venir comme les vestiges encore trop rares de la marche progressive de l'humanité vers ce qui est vrai, juste, bon et beau, vers cet idéal véritablement divin que l'homme se crée lui-même, mais qu'il prolonge de plus en plus dans le lointain de l'avenir, comme une affirmation de sa foi croissante dans la prévision scientifique ; alors, l'homme subit ce martyre volontaire et joyeux, auquel il se soumet, sachant bien et même voulant que son idéal soit toujours de plus en plus en dehors de toute atteinte, même de la sienne. Ce besoin d'idéal devient en lui organique. C'est ainsi que la balle de l'enfant est instinctivement un jeu d'idéal, sa joie est de la lancer toujours en avant, pour avoir le plaisir, non de l'atteindre, mais de la poursuivre et de la projeter plus loin encore ; chez l'homme conscient, la balle c'est le ballon avec de tous côtés l'espace et les horizons indéfinis, le ballon dont, avec le progrès de la science, il fait le ballon dirigeable.

III

Élisée Reclus était un de ces esprits dont l'idéal n'est jamais assouvi et qui, plutôt que de lui fixer des limites, aurait préféré sans doute couper la corde qui doit le rattacher à la réalité. C'est ainsi qu'il adorait les ascensions aérostatiques et autres, parfois périlleuses. Cependant, après ces envolées nécessaires à la nature la plus intime de son être, il revenait toujours à la réalité, reconnaissant que l'idéal devait être subordonné à la vérité scientifique. C'est peut-être ce qui a été trop perdu de vue par le gros public qui n'est pas toujours le grand public et le meilleur juge.

Jacques-Élisée Reclus est né à Sainte-Foy-la-Grande, le 15 Mars 1830, dans cette ancienne bastide de la Gironde, sur la rive gauche de la Dordogne; son père, d'abord secrétaire du duc Decazes, avait épousé une parente du célèbre ministre de Louis XVIII; l'accès des positions lucratives et officielles lui était ouvert; mais il avait cette conscience huguenote trop peu flexible pour se plier aux mensonges conventionnels et s'était livré tout entier au ministère évangélique.

En 1831, sa famille s'établit à Orthez et de là à Castétarbe, où son père était pasteur d'une église dissidente; il avait obéi à l'appel même des habitants du pays; il répugnait à recevoir une place, un traitement de l'État, alors, disait-il, que Jésus n'avait pas même eu une pierre où reposer sa tête. Le père avait été appelé par la communauté de « chrétiens » de l'endroit; cette communauté, comme plusieurs autres, s'était constituée dans cette région, vers la fin de la Restauration, en dehors de l'État et des consistoires.

Un Suisse, ardent zélateur de la liberté, William Pyt, qui avait fondé plusieurs temples dissidents dans le Midi, avait dirigé un certain temps la communauté de Castétarbe, quand le père fut appelé spontanément par le vœu de tous à lui succéder. Sa mère avait ouvert une école libre où les enfants affluèrent de plusieurs kilomètres à la ronde. Élie ressemblait surtout à sa mère, Élisée à son père. L'esprit de celui-ci était plus combatif, plus dominateur. Le milieu familial héréditaire, le milieu huguenot exercèrent certainement sur l'un et l'autre une influence considérable; de même le milieu naturel. « Certainement, dit Élisée lui-même, le milieu de Castétarbe, avec sa nature imposante, ses roches, ses ruines de châteaux, la proximité du gave formidable vers lequel s'inclinait en pente douce la terrasse de leur habitation, développa chez les enfants pour une certaine part l'imagination, pour l'autre, le sens pratique des choses. »

En 1840, on retourne à Orthez; l'église dissidente se propage et l'école de la mère est devenue insuffisante pour ses nombreux élèves.

C'est en cette même année qu'Élisée sort de son milieu originaire. De 1840 à 1842, il est avec Élie à Neuwied, dans les provinces rhénanes, dans une pension dirigée par des « frères Moraves »; il y prend la place de sa sœur aînée Susy, retournée au pays et qui allait y mourir, « la généreuse Susy, passionnée pour tout ce qui est grand et beau. » Les Frères Moraves étaient des socialistes chrétiens issus de la propagande du Comte de Zinzendorf, le célèbre herrnuthien du XVIIIe siècle, dont le pasteur Reclus lisait et admirait les écrits, le considérant comme le plus parfait continuateur de Jésus. Élisée, dans la suite, ne se rappela qu'avec répugnance ce régime communiste enfantin, où tout était mesquinement réglé, les élèves riches adulés et les pauvres bafoués. Il y apprit toutefois l'allemand; son horizon s'élargit par la vie, au-delà des frontières de la France. La séparation était plus complète qu'on ne peut se le figurer aujourd'hui; faibles étaient les ressources du jeune Élisée et une lettre coûtait 1 fr. 90 c. « Le câble était coupé ». A Neuwied, il y avait aussi des hollandais et des anglais. C'était déjà une petite internationalité; mais les haines nationales s'y reproduisaient aussi en petit; elles y persistaient comme dans toute l'Europe; tous les élèves se coalisaient contre les français, « comme à Waterloo ».

Ces animosités finirent cependant par s'apaiser; les jeunes Reclus y nouèrent quelques solides amitiés, entre autres avec George Meredith, l'illustre romancier anglais, né en 1828 et à ce moment « déjà presque divin de forme, de grâce et de langage comme il l'est encore aujourd'hui d'aimable sourire. »

Le Rhin lui-même, malgré ses usines, ses forts, ses camps retranchés, ses ruines, ses statues impériales, le Rhin restait le beau et grand fleuve international, la voie héroïque et aussi la « rue des prêtres, » non moins majestueux qu'un dieu, le pays des légendes et des rêves, mais aussi de l'histoire.

De 1842 à fin 1847, Élisée est au collège protestant de Ste-Foy, et en 1848-1849, on le trouve inscrit à la faculté théologique de Montauban. Ici c'était encore le protestantisme, mais officiel. « Cet établissement indiquait le mieux chez les descendants des huguenots la tranquille acceptation du milieu administratif et gouvernemental. » C'est là que retentit aux oreilles d'Élie et d'Élisée, le coup de foudre de la Révolution de l'année 1848, « cette belle et généreuse époque dont la valeur historique apparaîtra de plus en plus grande dans les siècles qui viendront.... Une ivresse dyonisiaque s'était emparée des jeunes et des bons et, tout naturellement, les étudiants se trouvaient parmi les plus ardents à discourir et à battre des mains. »

Alors, la vie réelle devint un enseignement plus instructif que celui de l'école. Les deux frères inséparables s'échappent du collège et, avec quelques amis, ils vont pédestrement à travers les Cévennes, visiter les régions de la Méditerranée.

Après cette fugue libératrice, fugue encore aggravée à leur retour par des paroles signalées au préfet comme attentatoires à l'ordre social, il reçurent du recteur, conformément aux rites universitaires, le *consilium abeundi*.

De 1849 à 1851, Élisée est à l'Université de Berlin, où il est censé suivre les cours de théologie ; mais ce n'est plus le milieu héréditaire qui domine son caractère ; celui-ci s'est en partie modifié par l'influence d'un milieu social plus vaste et plus complexe ; des aptitudes spéciales se font jour. C'est surtout la géographie dont l'étude l'attire. Elle était alors professée par l'illustre Carl Ritter (1779-1859) l'émule de Humboldt. Ritter avait commencé dès 1822 la publication de son immortel ouvrage : *la Géographie dans ses rapports avec la nature et l'histoire de l'homme,* ouvrage malheureusement inachevé, dont les 20 parties, en 10 volumes, parurent successivement jusqu'en 1859. Elles ne comprennent ni l'Amérique, ni l'Europe, ni l'Océanie. Ritter y développait surtout la grande loi de corrélation de l'Homme et de la Terre, de la nature et de l'histoire. Au point de vue des méthodes d'enseignement et même des aspirations sociales, Ritter avait lui-même subi l'influence de Pestalozzi et celle non moins considérable des conceptions de Kant dans sa Géographie physique et de Herder dans sa Philosophie de l'histoire de l'Humanité.

Ce que Ritter, comme Kant, poursuivait en somme dans l'étude de la Géographie, c'était la connaissance de l'Homme. L'impression sur Élisée fut profonde et durable. Elle se développa grâce aux circonstances même en apparence parfois défavorables.

Pour suivre les cours et vivre, il avait donné des leçons particulières toujours peu rétribuées. En 1851 il rentre d'Allemagne, traversant toute la France à pied avec Élie et leur chien Lysio, vivant comme des cheminaux, « se contentant de pain, couchant à la belle étoile ou dans quelque hutte abandonnée... du reste comme des milliers de citoyens français. » En allant, ils discutaient, observaient, refléchissaient. Après 21 jours de marche ils rentrent à Montauban, enchantés de leur voyage et de là, ravitaillés, quelques jours après, à Orthez.

En décembre 1851, ils y apprennent le coup d'État qui résoud pour un temps l'antagonisme des classes, tout d'abord caché par le mépris commun de la bourgeoisie radicale et du peuple pour le régime de Louis Philippe. A Orthez, Élie et Élisée essaient d'organiser la résistance ; mais ils se trouvent seuls avec quelques rares amis à l'attaque convenue de l'hôtel de ville ; les démocrates officiels comptaient sur leurs protestations légales. Élie et Élisée inscrits sur les listes de déportation se réfugient en Angleterre et débarquent à Londres le 1er janvier 1852; ils y vivent de leçons particulières de plus en plus rares, car ils sont peu présentables. Élisée part pour l'Irlande et s'y livre à des essais d'agriculture, dans les conditions les plus défavorables. Son énergie ne défaille jamais et c'est un des traits les plus remarquables de son caractère. En 1853-1854, il va dans l'Amérique du Nord; il la parcourt de New-York à la Nouvelle Orléans, exerçant toutes sortes de métiers, mais aussi observant comme par une sorte d'habitude et d'instinct.

C'est à la Nouvelle Orléans qu'il publie son premier article dans un journal de médecine sous le pseudonyme « de la Faye ».

De 1855 à 1857, il parcourt l'Amérique du Sud ; en Colombie, de nouveau, il fait des essais d'agriculture.

Pendant tout ce temps, il a non seulement énormément observé, mais beaucoup lu et étudié ; un grand travail s'est fait lentement dans son cerveau. C'est ainsi qu'en 1857, rentré en

France, il publie dans la *Revue Philosophique* une *Histoire du sol de l'Europe*. Désormais, la voie qu'il illustrera est ouverte. Coïncidence remarquable, mais qui s'explique sans peine par le développement naturel et dès maintenant synchronique des sciences dans tous les pays, c'est la même année que l'un de nos compatriotes, qui sous le rapport du caractère, des aspirations sociales, de la science et même de la vie en général, offre avec Élisée les ressemblances le plus frappantes, publie également un livre superbe, sous le même titre : *Histoire du sol de l'Europe*, où dominent la même idée du rapport étroit de l'Humanité avec la Terre et les mêmes tendances à la fraternité et à la paix.

Parlant, lui aussi, des États-Unis où il s'exila plus ou moins volontairement comme Élisée, le grand démocrate belge disait dans l'introduction de son livre : « Une contrée plus vaste que l'Europe, plus variée par les climats, puisqu'elle s'étend depuis le tropique jusqu'au voisinage du cercle polaire, au moins aussi différenciée par la nature des terrains qui en constituent le sol, cette vaste contrée, l'Amérique du Nord, ne forme pour ainsi dire qu'une seule confédération. Que l'Europe obéisse à ses intérêts, qu'elle s'abandonne à son avenir naturel, et notre continent à son tour ne formera que des États-Unis ». Et à la fin de son livre, Houzeau ajoutait, après avoir montré que le sol de l'Europe appartient à un système dont toutes les parties sont solidaires : « Il doit en résulter une facilité plus grande à les unir; l'unité morale est déjà créée par l'unité de la civilisation européenne; la confédération politique ne peut manquer d'en découler. »

C'était mon devoir de rappeler ici le souvenir de ce grand homme qui, s'il avait vécu, aurait certainement *lutté avec nous, aux côtés de celui que nous honorons en ce moment.*

En 1858, Élisée se marie avec Mlle Briant, la belle-sœur de Germain Casse, l'étudiant révolutionnaire, que se rappelleront les survivants des nombreux et fougueux étudiants qui assistèrent au mémorable Congrès international de Liège, où nous vîmes apparaître les premiers démolisseurs de l'Empire, dont les uns finirent bien, sur les barricades de la Commune en 1871, et d'autres comme Casse, mal, dans des positions officielles comme celle de Gouverneur de la Guadeloupe. Élisée habite d'abord Paris, puis Vascœuil, chez son beau-frère Alfred Dumesnil, le gendre de Michelet, le suppléant de

Quinet, l'éditeur de Lamartine et auteur lui-même de livres remarquables : — *Libre,* — *l'Art italien,* — *la Foi Nouvelle cherchée dans l'Art,* etc. Il y séjourne jusqu'en 1870.

En 1859, paraissent ses premières publications dans la *Revue des deux Mondes* : *Le Mississipi et ses bords; la Nouvelle Grenade.* Dans le *Bulletin de Géographie,* on trouve son *Étude sur les Fleuves,* où s'annonce sa méthode future de description ; il donne la même année la traduction de la *Configuration des continents* par C. Ritter. Ainsi, peu à peu émergent (pour ainsi dire les premiers îlots qui, dans la suite, à mesure que ses études s'étendront, formeront des constructions plus vastes. Rien n'est plus intéressant que d'assister à la formation et au développement de cette pensée humaine, pour ainsi dire selon les mêmes voies qui ont procédé à la constitution des continents et du système général de la planète; ce lent et imposant travail cérébral semble le reflet ou mieux encore, une suite du prodigieux travail de la nature.

Ses travaux vont continuellement, dès lors, de l'ensemble géographique à l'étude la plus détaillée. Sa collaboration précieuse aux Itinéraires Joanne entretient toujours chez lui ce soin des descriptions les plus précises qui donnent tant de charme à ses grandes publications. En 1860, il publie le *Guide en Savoie,* les *Excursions en Dauphiné,* plusieurs articles dans *Le tour du monde.* Cependant, l'homme le préoccupe surtout; ce sera la direction constante de sa pensée. Cette même année il fait paraître dans la *Revue des deux Mondes,* en quatre articles, une étude du plus haut intérêt sur l'*Esclavage aux Etats-Unis.* Le Président Lincoln offrit à Élisée de récompenser ses services ; très simplement, Élisée refusa.

Ici encore son œuvre se rencontre avec celle de Houzeau qui, destitué de sa place à l'observatoire après le mouvement de 1849, était parti pour les États-Unis, où non seulement il dirigea le journal nègre *La Tribune,* mais prit une part active à la guerre de Sécession, en même temps qu'il publiait sa brochure sur *La question de l'esclavage.*

En 1861, Élisée continue à collaborer à la *Revue des deux Mondes* et publie des études dans la *Revue Germanique,* dont j'ai indiqué l'année dernière le caractère international. Son œuvre la plus importante de cette année est la publication du *Voyage de la Sierra Nevada de Santa Martha.* Là, il expose pour la première fois des vues profondes et quasi prophétiques pour l'époque, sur lesquelles il se plaisait, jusque dans les derniers temps à revenir dans nos conversations. Là, disait-il, il y a des nègres, des indiens, des blancs, là, la fusion que vous montrez en sociologie, se fait justement par la juxtaposition des différenciations. « Quand l'ancien monde, surchargé de population, enverra ses enfants par milliers dans les solitudes de l'Amérique du Sud, le flux de l'émigration trouble-t-il cette union des races qui s'est accomplie déjà dans la républicaine hispano-américaine, ou bien la population actuelle de l'Amérique méridionale sera-t-elle assez compacte pour réunir en un même corps tous les éléments qui lui viendront du dehors? Cette dernière alternative, qui nous paraît la seule vraisemblable, entraîne la réconciliation finale de tous les peuples d'origine diverse et la naissance de l'humanité à une ère de paix et de bonheur. Pour un état social nouveau, il faut un continent vierge. » Au fond, c'était aussi la pensée d'Owen et de V. Considérant. Élisée ajoutait : « Et quel rôle est destiné à la Nouvelle Grenade dans l'histoire future des Continents? Si les nations ressemblent toujours à la nature qui les nourrit, que ne devons-nous pas espérer de ce pays, où se rapprochent les Océans, où se trouvent superposés tous les climats, où croissent tous les produits, où cinq chaînes de montagnes ramifiées en éventail créent une si merveilleuse diversité de sites ? Par son isthme de Panama, il servira de halte et de rendez-vous aux peuples de l'Europe occidentale et à ceux de l'Extrême Orient ; c'est là, ainsi que le pressentait Christophe Colomb, que viendront se souder les deux extrémités de l'anneau qui entoure le globe. Je ne le cacherai point, j'aime la Nouvelle Grenade avec autant de ferveur que ma patrie natale, et je serais heureux de faire connaître à quelques uns ce pays admirable et plein d'avenir. Si je pouvais détourner vers cette contrée une petite partie du courant d'émigration qui entraîne les Européens, mon bonheur serait grand. Il est temps que l'équilibre s'établisse entre les populations du globe et que l'Eldorado cesse enfin d'être une solitude. »

Oui, et l'isthme sera percé et là s'élèvera la Cosmopolis future dont les États-Unis ont jeté les fondements en créant d'un coup de baguette, mais conformément à toutes les indications de l'histoire et de la géographie, un État neutre et international; celui-ci sera le représentant central de l'interdépendance de fait qui a déjà fait place à toutes les anciennes souverainetés

nationales, et qui assurera cette paix mondiale dont la grande
paix romaine et les trèves de Dieu ne furent que les imparfaits
annonciateurs.

En 1862-1863, Élisée continue à collaborer à la *Revue des
deux Mondes ;* il fait plusieurs communications à la Société de
Géographie qui les insère dans son Bulletin ; ses travaux pour
les Itinéraires Joanne, non seulement assurent son existence
matérielle, mais lui permettent d'approfondir la connaissance
de nouvelles régions ; on lui doit le *Guide des voyageurs à
Londres, Londres illustré, les Villes d'hiver de la Méditerranée et des
Alpes maritimes,* le *Guide aux Pyrenées.*

En 1864-1865, outre ses études dans la *Revue des deux Mondes*
et dans les *Annales des Voyages,* il publie avec Élie la traduction de deux ouvrages, l'un de Sargent sur les États Confédérés
et l'esclavage, l'autre de Walker sur la Dette Américaine et les
moyens de l'acquitter.

En 1866-1867, il continue à collaborer à la *Revue des deux
Mondes ;* sa notoriété scientifique s'étend ; la Revue eut le mérite
de lui rendre ce service, comme plus tard à notre compatriote
Émile de Laveleye pour ses travaux sur le socialisme contempo-
rain et sur la Propriété primitive. On trouve également d'Élisée,
un article intéressant dans *la Coopération,* sur John Brown,
le célèbre abolitionniste américain dont la condamnation à mort
et la pendaison par l'État esclavagiste de Virginie, furent le
prélude de la guerre qui aboutit à l'abolition de l'esclavage. Il
publie encore les traductions d'une *Étude sur la politique du Brésil*
et sur *la Fermeture des Fleuves.*

En 1867, il s'affilie à l'*Association Internationale des travailleurs*
fondée à Londres en 1864, mais suivie, dès 1865, par la
fondation de l'*Alliance internationale de la démocratie sociale,* cette
dernière sous l'influence des tendances anarchistes de Bakounine et en opposition avec l'Internationale Marxiste. Élisée se
détacha de la première, mais sans entrer dans la seconde qui
avait cependant ses préférences.

Vers cette époque il perdit sa première femme dont il avait
eu deux filles ; il eut la douleur de voir mourir l'une d'elles il y
a peu d'années.

Alors, en 1868, sa conception géographique générale lentement mûrie et développée dès sa jeunesse, par le plus remarquable concours de circonstances en rapport elles-mêmes avec
toute son hérédité, arrive à se dessiner clairement devant ses

yeux de contemplateur amoureux de la nature; Élisée est, en effet, un penseur visuel; il a le cerveau du savant, mais en même temps l'œil du peintre; il sera toujours un visuel en géographie comme il le sera dans la science sociale; dans celle-ci, il aura non seulement des vues, mais aussi des visions intérieures d'une force extraordinaire, à raison même de leur caractère organique.

C'est en 1867 que tout le plan de son œuvre scientifique se dessine à ses yeux, non pas dans son cabinet de travail, mais en plein air, comme pour J. J. Rousseau, comme aussi pour les grands peintres. « C'était en Irlande, au sommet d'un tertre qui commande les rapides du Shannon, ses îlots tremblants sous la pression des eaux et le noir défilé d'arbres dans lequel le fleuve s'engouffre et disparaît après un brusque détour. Etendu sur l'herbe à côté d'un débris de muraille qui fut autrefois un château fort et que les humbles plantes ont démoli pierre à pierre, je jouissais doucement de cette immense vie des ombres, par le frémissement des arbres et le murmure de l'eau brisée contre les rocs. C'est là, dans ce site gracieux, que l'idée naquit en moi de raconter le phénomène de la terre, et, sans tarder, je crayonnai le plan de mon ouvrage. » De l'œuvre de la nature il ne séparera jamais celle de l'homme; si les humbles plantes ont démoli les superbes donjons, la nature et l'homme ont été complices; ils sont toujours solidaires l'un de l'autre. En cela, Élisée se rencontre en somme avec K. Marx et tous les deux avec Jean-Jacques. Tous voient l'avenir comme le produit d'un développement naturel, mais tous en même temps concluent à la liberté humaine. « J'ai, dit Élisée, parcouru le monde en homme libre et contemplé la nature d'un œil à la fois candide et fier, me souvenant que l'antique Freya était en même temps la déesse de la Terre et celle de la liberté » ; de même, Marx dira, au point de vue social et spécialement économique, que le règne de la nécessité aboutira à celui de la liberté.

Le premier volume de la Terre, consacré à l'étude des continents, parut en 1868; le second, consacré aux Océans et à l'Atmosphère, l'année suivante. C'est une vue d'ensemble de la planète, considérée de haut dans ses grandes lignes et dans les lois les plus générales de sa structure et de son évolution. Ce qui domine c'est la conception de notre globe comme planète vivante; l'homme en fait partie intégrante et aussi les plantes et les animaux; leur vie est étroitement liée, commune, solidaire. Tandis que Ritter, dans l'harmonie qui rattache l'huma-

nité à la Terre, voit une espèce d'harmonie préétablie, une
prédestination, Reclus y reconnaît une adaptation progressive,
grâce à laquelle le groupe social se libère de la contrainte de la
nature, comme l'homme, à son tour, se libère de la contrainte
sociale.

Pendant ces deux années où la France commence à
secouer le régime impérial et à reprendre sa tradition révolutionnaire, en dehors de cet ouvrage important qui aurait suffi à
remplir et à illustrer la vie d'un homme, Élisée continue
sa collaboration à la *Revue des deux Mondes,* publie des articles
dans la *Revue Politique* et dans l'*Almanach de la coopération,* et une
introduction remarquable au *Dictionnaire des Communes de France.*
Il faut y ajouter un des plus purs chefs d'œuvre de la littérature
française, l'*Histoire d'un Ruisseau.* En dehors de son style
merveilleux, ce livre, qu'avec *la Montagne* la Ville de Paris
distribue en prix aux élèves de ses écoles, est une application
heureuse de la méthode qui sera suivie dans la *Géographie
universelle* pour la description détaillée des diverses régions du
globe ; cette méthode fera de ces descriptions un véritable
panorama mouvant, qui se déroule aux yeux du lecteur sans
jamais entraîner la monotonie ni fatiguer son intérêt ; c'est à la
fois une méthode logique et naturelle. Il fait l'histoire du ruisseau depuis sa source jusqu'à l'Océan, montrant continuellement le parallélisme de son développement en rivière, puis en
fleuve, avec le cours même de la civilisation. Et, en effet, de
même que le cours du ruisseau depuis sa source jusqu'à ce
qu'il se confonde avec le fleuve, qui lui-même se déverse dans
l'Océan, est continu. de même ne voyons-nous pas que le cours
du travail social le devient également à mesure qu'il se solida-
rise en se divisant ? La laine est tondue, le drap est tissé, taillé,
cousu et livré sous forme d'habit au consommateur non plus
successivement, mais en même temps. Alors aussi apparaît
pour l'homme la possibilité de se livrer à un grand nombre de
travaux spéciaux en dehors de sa profession et de faire à sa vie
une part plus grande de liberté. Cette méthode, il l'appliqua
dans la suite, dans la *Géographie Universelle,* notamment au
Volga, au Niger, à l'Amazone ; les tribus primitives et barbares
forment les premières sociétés sur les hauts plateaux où nais-
sent les sources, et puis la civilisation s'élargit à mesure qu'elle
suit le cours des rivières et des fleuves, jusqu'à ce qu'elle
devienne maritime, océanique et arrive à constituer la société

mondiale. Ces hautes vues sociales, toujours rattachées à la géographie et aux sciences connexes, s'harmonisent avec les descriptions les plus charmantes des détails. Élisée a l'amour de la nature comme Jean-Jacques, comme Gœthe et Shelley, l'amour de cette nature qui par ses enseignements nous fait comprendre et poursuivre les évolutions et les révolutions nécessaires.

En 1870 éclate la guerre franco-allemande. Élisée fait partie des bataillons de marche ; il entre au service des aérostats, orga-nisé par son ami Nadar, l'inventeur des barrières de ce nom, quoique révolutionnaire ; il crée avec lui la poste des pigeons.

A la guerre internationale succède la guerre civile ; la Commune de Paris est proclamée et s'oppose à toutes les forces réactionnaires concentrées à Versailles.

Le 25 mars 1871, il croit encore à la conciliation possible ; dans le *Cri du Peuple* de Jules Vallès, tout en s'élevant violem-ment contre le gouvernement de Versailles, il ajoute : « Notre salut est dans l'union et la concorde. Entre républicains et concitoyens et Français, ce n'est pas au canon et au fusil de se prononcer, mais au suffrage universel. » Malheureusement, toutes communications étaient coupées entre Paris et la France ; Thiers et Bismarck s'entendaient, au moins tacitement, pour étouffer la révolution dans le sang. La Commune sera vaincue, mais la République, sauvée et avec elle le suffrage universel et le socialisme.

Élisée Reclus, lors d'une sortie, est fait prisonnier par les Versaillais au plateau de Châtillon ; il avait marché avec les camarades, mais n'avait pas tiré un coup de fusil. Tel, Deles-cluze devait peu après s'avancer au devant des balles, porteur d'une simple canne, quand la cause pour laquelle il s'était dévoué fut irrémédiablement perdue. Élisée Reclus le dit au conseil de guerre, fièrement, non pour se défendre, mais parce que c'était un fait, et l'affirmation de son humanité consciente et voulue, supérieure à toutes les circonstances. (1)

C'était le 5 avril 1871. Élisée fut d'abord conduit comme tant d'autres, au camp de Satory où furent fusillés nombre de prisonniers français, et de là sur les mortels pontons de Brest où beaucoup devinrent fous. Le 15 novembre, le conseil de guerre de St-Germain le condamna à la déportation ; c'était, sinon la mort, tout au moins la suppression du savant.

(1) Voir la note qui suit le présent discours.

C'est ici qu'apparaît dans toute sa grandeur morale, cet homme dont la formule absolue est : « *Fais ce que veux* » et qui, sans effort, tant cela lui est naturel, poursuit son œuvre de science et d'humanité avec une imperturbable sérénité. C'est sur les pontons de Brest qu'il corrige les épreuves du second volume de la *Terre*, que lui apporte son ami Émile Templier ; c'est à Quelern, dans la prison même où il reste sept mois, qu'il organise une école pour ses camarades, leur apprenant la lecture, la géographie et l'anglais, les préparant ainsi aux dures nécessités de l'exil.

Alors, pour la première fois peut-être dans l'histoire de la civilisation, se produit une intervention imposante des représentants les plus illustres de la science et de la conscience collectives ; la république universelle des lettres et des sciences couvre de son bouclier, au nom de l'humanité, le savant qui avait toujours aussi affirmé et préparé plus de vérité et plus de douce fraternité. Le gouvernement français a fait ou laissé condamner Reclus ; mais cet homme, ce savant n'appartient pas seulement à la France, il appartient à la Science et par elle au monde ; cet homme est sacré, sacré parce qu'il s'est lui-même consacré à tous et que lui-même ne s'appartient plus. Darwin, A. R. Wallace, Carpenter, Willamson, Lord Amberley furent en Angleterre les promoteurs de cette noble manifestation à laquelle se joignirent les savants les plus illustres du monde ; c'était le prélude de cette grande internationalité qui finira par descendre des cîmes les plus hautes jusqu'aux bases les plus obscures et pour ainsi dire anonymes de l'espèce humaine ; c'est elle qui provoquera plus tard des manifestations analogues en faveur de Dreyfus, victime du chauvinisme clérico-militariste, et de Gorky, victime de l'autocratie russe ; c'est elle qui, à mesure que des liens communs réuniront tous les groupes sociaux en une grande société universelle, fera que finalement triomphera la règle que tout homme appartient à l'humanité et que l'humanité est due à tout homme.

« Nous osons espérer, disait l'adresse des savants, que la vie d'un homme tel que M. Élisée Reclus, dont les services rendus à la cause de la littérature et de la science, services reconnus par un nombreux public, ne nous semblent qu'une promesse, pour ainsi dire, d'autres services plus grands encore, que la maturité vigoureuse de son esprit rendra dans l'avenir à cette même cause ; nous osons penser que cette vie appartient

non seulement au pays qui le vit naître, mais au monde entier,
et qu'en réduisant ainsi au silence un tel homme, ou en l'en-
voyant languir loin du centre de la civilisation, la France ne
ferait que se mutiler et qu'amoindrir son influence légitime sur
le monde. »

En février 1873, la peine fut commuée en dix années de
banissement. C'était bien ; la France rendait au monde ce qui
était au monde, se contentant du César minuscule qui avait
vaincu Paris.

Élisée se dirigea vers la Suisse, pays international ; peu
avant la guerre il s'était uni à Vascœuil, à sa deuxième femme,
Fanny Lherminez, dont il avait fait la connaissance à Lonures,
après le coup d'État. Il se fixe à Lugano où il reprend ses
travaux. Il collabore à la *République Française*, à la *Gironde*, à la
Réforme, où il publie surtout des articles de géographie générale, et aussi à l'*Almanach du Peuple*, où nous avons de lui :
Quelques mots sur la propriété, et *A mon frère le paysan*. En 1873,
il collabore aux mêmes publications. Dans le *Bulletin de Géographie* de Paris, il donne deux études importantes, l'une sur les
Pluies de la Suisse, l'autre sur l'*Histoire de la mer d'Aral*.

C'est à Lugano qu'il perd sa deuxième femme.

Il séjourne alors, en 1874, à la Tour de Pelz, sur les bords
du lac de Genève et puis à Vevey, accumulant et classant ses
matériaux géographiques tout en continuant à envoyer des
articles à la *République* et au *Tour du Monde* et en outre, au *Globe*
de Genève.

En 1875, il donne à Genève un cours public sur l'Histoire de
la Méditerranée. Alors il se remarie une troisième fois, avec celle
qui fut la compagne intelligente de son existence durant les trente
dernières années ; c'était une remarquable botaniste et entomo-
logiste, une femme d'un savoir et d'un charme très délicats et
très pondérés qui contrastaient souvent avec la juvénile impé-
tuosité de son mari. C'est de cette année que date la publication
du premier volume de la *Géographie Universelle*, consacré à
l'Europe méridionale ; le deuxième, paru en 1876, le fut à la
France. Les autres se succédèrent régulièrement d'année en
année jusqu'en 1892 où parut l'Amérique du Sud. Œuvre
colossale si l'on n'envisage même que le labeur matériel! Chaque volume contient de huit à neuf cents pages et de deux
cents à deux cent trente cartes ; pour chaque volume, 900 à 1.000
autres livres ont été consultés. Au milieu de chaque année, le

manuscrit était achevé; alors l'auteur détaillait ses descriptions et développait ses généralisations; en dernier lieu, il ornait l'œuvre au point de vue de la beauté. Rien de plus merveilleux, en effet, que la puissance de généralisation qui domine cette vaste construction ou plutôt qui coordonne cette structure réellement vivante; rien de plus merveilleux, si ce n'est la richesse luxuriante des détails, la beauté classique et constante de la langue, et par dessus tout l'amour de la nature et de l'homme; le souffle pur de cet amour, parcourt l'œuvre entière, l'inonde de clarté, de fraîcheur et de sérénité apaisante qui pénètrent irrésistiblement l'âme du lecteur; celui-ci se sent comme entraîné dans le courant de la vie universelle.

La publication de la *Géographie* est un grand événement historique. Reclus réalisa la pensée de Kant et de Herder, il compléta et coordonna les travaux immortels de Humboldt et de Ritter, en faisant de la science géographique le piédestal solide de toute la science sociale et, plus exactement encore, en mêlant si étroitement la nature et l'homme, que le phénomène social ne nous apparaît plus que comme le résultat de la combinaison indissoluble de ces deux éléments.

C'est ainsi que, naturellement, la Géographie de Reclus embrassa à la fois la configuration de la planète, la géologie, la minéralogie, le climat, la flore, la faune, la population humaine considérée dans toutes ses conditions politiques et sociales. Cette géographie n'est plus exclusivement ni mathématique, ni physique, ni politique, ni anthropologique, ni même historique: elle est sociale, au sens le plus large, intégrale. Elle combine à la fois les conceptions de Ptolémée, de Strabon, de Vico, de Kant, de Herder, de Humboldt, de Ritter, de Peschel, de Kohl et de Ratzel.

« A une période nouvelle, disait-il dans la préface, il faut des livres nouveaux. »

Cette période nouvelle correspondait précisément à la prise de possession détaillée de la planète par l'homme et de celui-ci par la planète. L'adaptation entre eux, de vague et générale, devenait de plus en plus profonde et spéciale; les liens entre les diverses parties du monde humanisé devenaient de plus en plus nombreux et étroits; la fusion s'opérait par la multiplication quasi indéfinie des différences d'autant plus atténuées, qu'elles devenaient plus nombreuses, au point que dès maintenant nous pouvons concevoir le maximum d'originalité et de liberté individuelles comme exactement en rapport avec le maximum de socialisation.

A ce point de vue, la connaissance successive de la planète, l'histoire des découvertes géographiques sont en corrélation intime avec le développement même de l'humanité ; elles nous expliquent la supériorité successive et momentanée de certaines populations et finalement l'impossibilité actuelle d'une hégémonie particulière exercée par l'un ou l'autre État, à raison même de l'interdépendance déjà effective de tous, les uns à l'égard des autres, c'est-à-dire de leur subordination réelle à un État mondial, dont le XX⁰ siècle verra sans doute se constituer l'organisation juridique et politique, complément nécessaire et inévitable des rapports de fait économiques, scientifiques et moraux déjà existants, parmi lesquels les voies naturelles et artificielles de circulation et de communication sont comme la vaste ceinture nouée autour des flancs arrondis de l'humanité, en gestation des formes nouvelles issues de l'union de la Terre et de l'Homme.

Au XIII⁰ siècle, toutes les découvertes géographiques sont le monopole des Vénitiens et des Génois ; jusque vers la fin du XIVᵉ, Gênes, Venise, Florence sont les centres de la civilisation. En 1497, Giovanni Cabot, un anglais au service de Venise, reconnaît encore le Nord de l'Amérique, mais la fonction de découverte se déplace et passe aux Portugais et aux Espagnols : Bartoloméo Diaz contourne le cap des Tempêtes, depuis, de Bonne-Espérance ; après lui, Vasco de Gama prolonge la voie ouverte ; c'est Colomb, un Génois, au service de l'Espagne, qui découvre les Indes Occidentales, la Trinité, etc.. et en 1499, un Florentin, aussi au nom de l'Espagne, qui aborde au Vénézuéla ; il reconnaît que l'Amérique ne fait pas partie de l'Asie. La civilisation embrasse dès lors non plus seulement la Méditerranée et ses fleuves, mais les rives opposées de l'Océan atlantique ; elle est océanique, devient intercontinentale.

Au XVIᵉ siècle, c'est encore un Espagnol, Nunez Balbao, qui découvre l'Océan pacifique en traversant l'Isthme de Panama. En 1521, la première circumnavigation du globe est effectuée par le Portugais Magellan. Désormais la civilisation peut devenir interocéanique, universelle. Cortèz et Pizarre, au service de l'absolutisme espagnol, ont beau conquérir dans le sang la Californie, la Mexique, le Pérou ; l'or et l'argent même de l'Amérique seront les instruments de la prétention de l'Espagne à la monarchie absolue et universelle, mais cet or et cet argent s'écouleront sans cesse de ses réservoirs, pour féconder les pays qui n'ont pas de mines, mais qui, pratiquement et théoriquement, reconnaîtront la puissance supérieure du travail.

Dès le milieu du XVIe siècle, l'initiative de la découverte géographique passe aux Anglais et aux Hollandais. C'est Drake qui, de 1577 à 1599, accomplit la deuxième circumnavigation du globe. Au XVIIe, Behring avec Deschenev, pour la Russie, mais en réalité pour le monde, reconnaissent le détroit qui sépare la pointe orientale de la Sibérie de l'Amérique du Nord et unit l'Océan Arctique, par la mer de Behring, au Grand Océan Pacifique.

Au XVIIIe siècle, ce sont les Anglais, les Ecossais, les Français, qui tiennent la tête de la civilisation et président encore aux découvertes ; à la fin de ce siècle, l'Angleterre est solidement établie dans toutes les parties du monde sauf en Extrême-Orient. La connaissance et la possession détaillée de la terre succèdent de plus en plus aux découvertes générales, les colonies d'émigration acquièrent plus d'importance que celles de conquête militaire et d'exploitation et en même temps, au cours du XIXe siècle, les colonies les plus vivaces s'affranchissent, tandis que l'œuvre de la découverte passe à presque tous les peuples d'Europe et du Nouveau Monde sans distinction, du moins à tous ceux qui se rattachent directement aux grandes voies maritimes. En fait, les dernières colonies militaires et aussi celles d'exploitation disparaîtront au fur et à mesure que, chez tous ces peuples eux-mêmes, disparaîtront les vestiges encore persistants, mais surannés, du militarisme et du capitalisme.

Ces vues d'avenir étaient communes à Élisée, à toute la pensée scientifique et à toutes les aspirations sociales de la démocratie contemporaine. Son optimisme à cet égard fut inébranlable, mais qui donc oserait le taxer d'illégitime ? Il comprend très bien que la société humaine universelle est une formation historique ; ce n'est pas une forme préétablie ou conçue suivant un plan tracé par un architecte ; ce plan est tracé par l'histoire au cours de son développement ; la société mondiale sera le résultat de tous les particularismes antérieurs. Il reconnaît que l'Europe, depuis 25 siècles, est le principal foyer de rayonnement des arts, des sciences et des idées nouvelles. Ce foyer n'a cessé d'y exister, tout en se déplaçant du Sud-Est au

Nord-Ouest. Toutefois l'égalité finira par prévaloir, non seulement entre l'Amérique et l'Europe, mais aussi entre toutes les
parties du monde, grâce aux croisements, aux migrations, à
l'étendue et à la facilité des voies de communication : « Chaque
pays fournira sa part de richesse au grand avoir de l'humanité,
et, sur la Terre, ce que l'on appelle la civilisation aura son
centre partout, sa circonférence nulle part. »

Montrant alors que la supériorité actuelle des nations
européennes n'est pas due à la vertu propre des races qui les
composent, puisqu'en d'autres régions de l'ancien monde, les
mêmes races ont été bien moins créatrices, il en conclut que ce
sont les conditions géographiques, climatériques, géologiques,
en un mot le milieu, qui ont valu aux Européens l'honneur
d'être arrivés les premiers à la connaissance de la Terre dans
son ensemble et d'être restés longtemps à la tête de l'humanité.
Peut-être faudrait-il encore atténuer leur mérite en ce sens
qu'ils n'ont été les premiers que parce qu'ils furent à un certain
moment les derniers, conformément à la parole de l'Évangile.
Élisée Reclus amende du reste lui-même sa théorie de
l'influence absolue du milieu en ajoutant que, dans l'histoire,
celui-ci a une valeur variable suivant l'état de culture des
nations. « Si la géographie proprement dite, écrit-il, qui s'oc-
cupe seulement de la forme et du relief de la planète, nous
expose l'état passif des peuples d'autrefois, en revanche la
Géographie historique et statistique nous montre les hommes
entrés dans leur rôle actif, et reprenant, par le travail, le dessus
sur le milieu qui les entoure. » Les fleuves, les montagnes, les
mers, d'obstacles se changent en moyens de communication,
avec leurs stations et centres industriels et autres. L'homme
modifie le milieu, tout en en subissant toujours l'influence ; il
domestique les énergies de la nature.

La massive Afrique, la monotone Australie, l'Amérique
méridionale finiront par jouir des mêmes avantages que l'Europe. Les privilèges que celle-ci devait à son ossature de
montagnes, au rayonnement de ses fleuves, aux contours de ses
rivages, à l'équilibre général de ses formes, ont cessé d'avoir la
même valeur relative, depuis que les peuples ajoutent leur
outillage industriel aux ressources premières fournies par la
nature.

Et ce qui montre bien qu'Élisée n'était pas l'esprit absolu et
sectaire que d'aucuns se représentent, faute de ne l'avoir connu

que dans les ardentes brochures où il proclamait son idéal le plus lointain, c'est cette pensée à la fois si juste et si catégoriquement exprimée à la fin de l'avertissement qui précède sa *Géographie :* « Le changement graduel dans l'importance historique des terres, tel est le fait capital qu'il faut bien garder en mémoire..... En étudiant l'espace, il faut tenir compte d'un élément de même valeur, le temps. » Comment lui, qui unissait si étroitement la Terre et l'Homme, l'aurait-il oublié dans ses travaux relatifs aux institutions humaines ?

Je tiens à signaler ici comme un hommage de reconnaissance à mon illustre ami, que si j'ai poussé plus loin qu'il ne l'a fait et peut-être témérairement sa conception fondamentale de l'union étroite de la Terre et de l'Homme, en soutenant que toute société est un mélange combiné de la matière et d'humanité et que tout phénomène social est dès lors à la fois anorganique, organique et psychique, avec le quelque chose en plus qui est précisément le résultat de cette combinaison, c'est surtout à l'étude attentive de la *Géographie* de Reclus que se rattache cette évolution de ma pensée. Je le signalai dès 1886, en lui offrant mon premier volume de Sociologie et de cette époque datent nos relations de plus en plus suivies.

Dans le XIXe volume, qui parut en 1892, adressant un « dernier mot » au lecteur, il concluait : « L'Humanité se fait une..... elle devient une réalité vivante. » Par là, il se détachait du cosmopolitisme antérieur qui avait fait de l'humanité un concept absolu, indépendant en quelque sorte de la réalité.

L'œuvre de longue haleine, victorieusement achevée, n'était pas simplement un grandiose monument scientifique, mais une œuvre de saine et haute morale. En la lisant, nul ne pouvait ne pas sympathiser avec l'auteur, et surtout nul ne pouvait se soustraire à ce sentiment de sympathie universelle qui s'est éveillé à mesure précisément que l'unité mondiale se réalisait en se répercutant dans les consciences. L'ouvrage faisait aimer son auteur comme celui-ci appelait tous les hommes à s'aimer. Ainsi, dans toute l'œuvre respire un respect inaltérable de toutes les nations, de tous les groupes ou tribus civilisés ou non ; il n'a pas de préjugé nationaliste ou ethnique ; toujours et partout il montre ce qui unit et non ce qui divise, tout en ne négligeant pas les particularités qui, du reste, sont elles-mêmes une des conditions de l'adaptation de l'homme à la planète et de l'homme à l'homme.

« J'ai voulu vivre mes récits, en montrant pour chaque pays les traits qui le caractérisent, en signalant pour chaque groupe de l'humanité le génie qui lui est propre. Partout, dirai-je, je me suis trouvé chez moi, dans mon pays, chez des hommes, mes frères. Je ne crois point m'être laissé entraîner par un sentiment qui ne fut pas celui de la sympathie et du respect pour les habitants de la grande patrie. Sur cette boule qui tourne si vite dans l'espace, grain de sable au milieu de l'immensité, vaudrait-il la peine de s'entre-haïr?.... L'Homme a ses lois comme la Terre..... L'homme qui contemple et scrute cet univers, assiste à l'œuvre immense de la création incessante, qui commence toujours et ne finit jamais et, participant lui-même par l'ampleur de la compréhension, à l'éternité des choses, il peut arriver comme Newton, comme Darwin, à la résumer d'un mot..... Si la Terre paraît logique et simple dans l'infinie complexité de ses formes, l'humanité qui l'habite ne serait-elle qu'une masse aveugle et chaotique s'agitant au hasard, sans but, sans idéal réalisable, sans la conscience de son destin ? »

Et au moment où il dépose sa plume, après avoir consacré un quart de siècle à son œuvre immortelle, déjà il se propose de la compléter : « Peut-être, dit-il en finissant, arriverons-nous à contempler par la pensée le spectacle de l'histoire humaine, jusque par delà les temps mauvais de la lutte et de l'ignorance, et y retrouverons-nous le tableau de grandeur et de beauté que nous présente déjà la Terre. C'est là ce que je voudrais étudier dans la mesure de mes forces. »

Quel formidable travailleur à la fois manuel et intellectuel ! Et comme ici apparaît dans sa plus parfaite expression l'indissolubilité du travail matériel et intellectuel qui, elle aussi, devient et deviendra de plus en plus une réalité. Il faudrait une vie humaine, pour copier toutes les publications de Reclus et une vie a suffi pour exécuter et mener à bonne fin un tel travail, où l'effort physique et psychique sont combinés et donnent, par cette combinaison même, leur maximum d'énergie !

Et tout cela était accompli avec une simplicité admirable, au milieu de voyages et de travaux spéciaux divers.

De 1875 à 1878, il se délasse pour ainsi dire de la *Géographie* en publiant de nombreux articles dans les journaux socialistes, *le Travailleur*, la *Marseillaise* et dans la *Revue Lyonnaise*. Il parcourt l'Italie, séjourne à Rome et surtout à Naples où, pendant plusieurs mois, comme le rapporte Carlo Avena, le savant directeur de la bibliothèque provinciale, il compulse les riches documents géographiques qui y sont accumulés.

Rentré en Suisse, c'est à Clarens, où il se fixe en 1879 avec l'admirable femme que nous avons connue ici, qu'il poursuit la publication de la *Géographie*. En 1880, paraissent toujours de lui de nombreux articles et plusieurs œuvres importantes; une brochure : *Evolution et Révolution*, dont nous reparlerons quand plus tard elle paraîtra en un volume plus développé, puis encore l'*Histoire d'une montagne*, supérieure peut-être encore à celle d'un ruisseau, s'il est possible de compr r deux chefs-d'œuvre et des tableaux différents. Il publie en outre dans une Encyclopédie Américaine, une Etude sur les fleuves. Cette même année, il ressent la première atteinte de l'angine de poitrine qui, après un quart de siècle d'attaques et de trèves intermittentes, devait l'emporter.

En 1881-1882, il voyage en Algérie, s'y intéresse aux essais de colonisation agricole, continue à publier de nombreux articles géographiques et autres. C'est au 14 Octobre 1882 que se place la touchante et noble allocution qu'il adressa à ses filles et à ses gendres, lors de leur union, dont Élisée et Élie furent les seuls consécrateurs. Élie, alors le patriarche de la famille, fit suivre l'allocution paternelle d'un admirable discours sur l'histoire et l'évolution du mariage; rarement idéal moral plus élevé fut entrevu et indiqué aux hommes par des êtres assez novateurs, assez conscients et assurés de leur croyance commune, pour prendre l'initiative de pratiquer leur foi; cela n'était possible évidemment que par des hommes et des femmes doués d'un tel caractère moral que celui-ci fut en état de triompher, non seulement de tous les mensonges conventionnels du milieu social actuel, mais aussi de tous les vestiges matrimoniaux qui rattachent encore l'amour et le mariage à la vente commerciale et à la prostitution. En cette matière, l'idéalisme radical d'Élisée se rattachait évidemment aux doctrines de la primitive Église chrétienne, d'après lesquelles, jusqu'au Concile de Trente, même la présence du prêtre n'est pas nécessaire pour l'existence du mariage; la simple promesse échangée, indépendamment de toute forme, constituait à elle seule le contrat. Du reste, sur ce point, le discours prononcé par Élie, sur l'évolution du mariage, atténuait légèrement ce que l'idée de son frère présentait d'excessif pour l'état social présent et probablement même futur; mais ici cependant encore, l'initiative individuelle, dès qu'elle se manifeste, indique précisément la formation d'une moralité nouvelle. Tout en reconnaissant l'influence prépondérante des conditions économiques, les deux frères Reclus attendaient beaucoup de la réforme morale où l'action privée pouvait s'exercer plus librement. Par là, ils se rattachaient au grand précurseur du communisme anarchiste, W. Godwin qui lui-même se reliait aux Encyclopédistes comme Diderot, et surtout à J. J. Rousseau.

De 1884 à 1888, il envoie quantité d'articles à un grand nombre de journaux, mais toute sa force de travail se concentre sur sa *Géographie*. En 1886 commence sa collaboration suivie à la *Société Nouvelle* par où se nouent ses premiers liens avec la Belgique. La même année, dans une préface remarquable, il attire l'attention du public sur le beau livre de son ami et collaborateur Léon Metchnikov : *La civilisation et les grands fleuves historiques*. Léon Metchnikov, enlevé prématurément à la science, est le frère de l'illustre continuateur de l'œuvre de Pasteur, Élie Metchnikov, qui, par son prénom et aussi physiquement et moralement, présente les plus grandes affinités avec Élie Reclus. Cette même année, Élisée fit un nouveau voyage en Amérique en vue des derniers volumes de sa *Géographie*. En 1890, il quitte la Suisse et séjourne à Sèvres (Seine et Oise).

En 1892 avait paru le XIXᵉ volume de la *Géographie* où, dans *La dernière parole*, il annonçait une œuvre nouvelle et complémentaire. Cette même année paraît le livre manifeste de P. Kropotkine : *La Conquête du pain*, pour lequel Élisée a fait une préface. C'était certainement avec *Mutual Aid*, ouvrage plus récent du même écrivain, l'exposé qui formulait le plus savamment et le plus clairement la doctrine anarchiste; cette doctrine était ainsi développée par les deux hommes à la fois les plus pacifiques, les plus humains, les plus incapables du moindre acte de violence, on pourrait dire même les plus excessivement débonnaires que j'aie jamais rencontrés au cours de mon existence; toujours en les lisant et en les écoutant on se sent et je me suis senti devenir meilleur; il faut l'attribuer avant tout à leur profond amour de la nature et spécialement de la nature humaine et de la dignité de l'homme, de tout homme, même le plus dégradé.

Et cependant ces humains par excellence, à l'occasion

d'actes de violence qui ne s'expliquent que par les imperfections
sociales et les procédés encore despotiques et militaires persistants au sein d'une civilisation déjà plus avancée que les institutions, se virent en butte aux plus cruelles et aux plus ridicules
tracasseries et poursuites policières ; c'était l'époque des *lois scéléra-
tes* qui, sous prétexte de réprimer la propagande par le fait, frap-
paient la liberté même de la pensée jusque dans ses manifestations les plus élevées et, comme c'était le cas pour Élisée Reclus
et Kropotkine, alors que dans aucun de leurs écrits on ne peut
trouver une ligne préconisant la violence. Nulle part, il est vrai,
ils ne la condamnèrent expressément. En cela ils ne faisaient
que rester dans leur rôle de propagateurs de vérités morales et
scientifiques, n'attendant pas même de la reconnaissance de
leurs contemporains le monument que la Belgique n'a pas
hésité à élever à son illustre Quetelet qui, dans sa *Physique
sociale*, avait pensé et dit avant eux et comme eux : « La Société
renferme en elle les germes de tous les crimes qui vont se com-
mettre. C'est elle en quelque sorte qui les prépare et le coupable
n'est que l'instrument qui les exécute. Tout état social suppose
un certain nombre et un certain ordre de crimes qui résultent,
comme conséquence nécessaire, de son organisation. » En ce
sens on pourrait ajouter que l'alcoolisme, le crime, la folie, le
suicide, la mortalité infantile, la tuberculose, surtout dans les
classes pauvres, sont des institutions sociales aussi bien que
toutes celles dont s'honore à juste titre notre civilisation. Il en
résulte qu'il n'y a de justice entre l'individu et la société que si
la justice est réciproque.

A ce moment, Élisée Reclus avait été invité à donner un
cours de géographie à l'Université de Bruxelles, alors qu'il
habitait paisiblement Bourg-la-Reine ; l'homme et le savant
avaient été sensibles à cet appel comme à un hommage et à un
encouragement bien mérités. Des événements anarchistes, aux-
quels il n'avait été mêlé en rien et qui n'avaient surtout rien de
commun avec son cours de Géographie, firent que celui-ci fut
supprimé. De là l'incident universitaire qui donna lieu à mon
exclusion et à celle de notre ami. Ce fut l'origine de la création
de notre Université Nouvelle et la source de cet essor réellement
merveilleux, qui depuis douze ans a fait de notre œuvre un
centre international d'intellectualité, dont le rayonnement a été
universel, un puissant laboratoire où, par le contact de toutes les
doctrines celles-ci finiront par arrondir leurs angles et par se

fondre dans une philosophie sociale d'un caractère moins absolu et par là même plus universel.

Nous n'aurions donc qu'à nous féliciter de ce lamentable incident, qui n'a certainement laissé chez nous ni amertume ni rancœur, mais peut-être au contraire un sentiment de libération et de gratitude, si malheureusement pour le bon renom de la science il n'en restait cette impression qu'en Belgique, en 1893, une Université libre avait exclu de son sein l'illustre savant que le monde scientifique entier avait couvert de son égide en 1872, quand il venait de participer à la Commune et n'avait pas encore réalisé les promesses d'avenir que ses nobles défenseurs d'alors avaient eu la perspicacité d'entrevoir.

La Loge des amis Philanthrophes de Bruxelles nous donna l'hospitalité la plus large en attendant la fondation de l'Université Nouvelle. C'est là, qu'au milieu d'une affluence énorme, le 2 mars 1894, Élisée Reclus donna sa leçon d'ouverture sur la Géographie comparée. Du premier coup, il avait conquis la symphatie du public belge essentiellement bon, tolérant et ami de la sincérité. Il continua à la Loge ses conférences sur les Milieux.

En même temps, outre de nombreux articles dans les journaux de tous pays, il publiait dans la *Contemtorary Review* une étude savante sur l'*Évolution de la Cité.*

L'hospitalité qu'il chercha en Belgique était une hospitalité franche et loyale, digne du pays et de lui-même, sans la moindre abdication de sa pensée; cette même année, il fit à Bruxelles, et plus tard en province, des conférences sur l'anarchie.

Pendant qu'au cours de l'année académique de l'Université Nouvelle, définitivement fondée en 1894, il poursuit régulièrement ses leçons, la Société royale de Géographie de Londres, accentuant comme à plaisir le contraste que je viens d'indiquer, lui attribue la Médaille d'or. Élisée la reçut avec sa modestie ordinaire; il en fut profondément touché; seulement la médaille ne revint pas avec lui à Bruxelles, elle resta à Londres, où il y avait tant de misères à soulager, tant de courages à soutenir. A tous les points de vue la médaille avait une valeur très grande : l'honneur de l'avoir attribuée reste à la Société; celui de l'avoir reçue et transformée en monnaie acquisitive et libératoire, à Élisée.

C'étaient là des incidents qui arrêtaient à peine un jour le travail intellectuel de l'infatigable producteur. Dès 1894, dans une lettre à Bodio, le savant et vénérable statisticien, et publiée dans le Bulletin de la Société de Géographie Italienne, il annonçait la préparation d'un ouvrage sous le titre de *Géographie sociale* ; c'est celui dont la composition ne devait être achevée que peu avant sa mort.

En 1895, il prononce l'un des discours d'ouverture de l'Université Nouvelle ; un autre le fut par notre vaillant ami Paul Janson ; en les relisant, ici encore on peut reconnaître combien, malgré les divergences doctrinales, les points de contact sont nombreux, et notamment leur conception commune du rôle du professeur. Paul Janson disait : « Nous voulons revivre et revivre plus fort et d'une vie plus intense dans la jeunesse universitaire que nous allons former ; nous voulons la séduire et l'entraîner vers des horizons plus grands et nouveaux ; il nous faut lui insuffler notre foi dans l'avenir de la civilisation et de l'Humanité sous un régime plus juste. » Élisée répétait, ajoutant : « Les étudiants auront le droit d'exiger de nous un dévouement unanime et complet. De même qu'Emerson, ils nous diront en toute justice que la première qualité de l'homme qui se consacre à la vérité scientifique, c'est l'héroïsme. Apprendre aux jeunes à vivre noblement, vivifier la science par la bonté, pour la rendre productrice de bonheur, de ce bonheur à conquérir par une lutte incessante que l'aide mutuelle rend triomphante, de ce bonheur plus grand à conquérir chaque jour, car il n'est pour nous de repos que dans la mort. »

Et ceci encore il le prouva par la dévorante activité des dix dernières années de sa vie. En même temps qu'il fonde et organise son *Institut de Géographie*, qui a déjà publié tant de travaux remarquables et formé des collaborateurs distingués, il forme le projet de construire un globe terrestre a l'échelle du cent millième. Il poursuit l'élaboration du grand ouvrage qui doit être la conclusion sociale de sa Géographie. Il donne des conférences aux *Summer meetings* d'Edimbourg. De 1895 date *La Cité de bon Accord*, qui est comme le résumé de son plan idéal de société.

C'est dans la *Contemporary Review* (Evolution of Cities), qu'il fait cette observation intéressante, qui se trouve du reste aussi dans Kohl, que « si la Terre était parfaitement uniforme, les villes occuperaient des positions géométriques, la cité mondiale au centre, les autres à égale distance autour d'elle, et chacune ayant son système planétaire. » Il, en conclut que : « Les irrégularités du réseau sont toutes expliquées par les formes des pays, les irrégularités du terrain, le cours des rivières, les mille points de variation géographique. » Seulement, à la différence de Kohl, qui s'était attaché surtout à préciser la base géométrique de la géographie sociale, en faisant d'abord abstraction des variations, Reclus tient toujours compte de ces dernières. Du reste, Herschell avait lui-même déjà signalé que Londres était un centre mondial géométrique.

De 1896 à 1900, tout en continuant régulièrement ses cours de géographie sur l'Iran, le Touran et la Mésopotamie, sur les Sémites, sur l'Egypte et les Egyptiens, il fait une série de conférences au Temple de la Science à Charleroi, à la Maison du Peuple de Bruxelles, à la Société de Géographie de Londres, à la Société de Géographie d'Anvers. Cette dernière conférence date de 1898 ; consacrée à l'Extrême Orient, elle fut réellement prophétique.

Dans l'entretemps, paraissent de lui de nombreux articles dans le *Magazine international*, la *Société Nouvelle*, l'*Almanach*, la *Question Sociale*, l'*Humanité Nouvelle*, l'*Atlantic Monthly*, *The Independant* de New-York, les *Temps Nouveaux*.

IV

C'est en 1896 que, dans « *L'Évolution, la Révolution et l'Idéal anarchique* », développant les théories qu'il avait exposées en 1879 dans un discours publié l'année suivante en brochure sous le même titre, Élisée trace les grandes lignes de ses aspirations sociales. Pas plus que Marx, il n'a la prétention de décrire la société future ; l'un et l'autre, en réalité, n'affirment que des tendances, une direction du développement, une méthode. L'un et l'autre ont un idéal communiste et même il serait dangereux de dire que le communisme de Marx fut moins libertaire que celui de Reclus, à preuve le fameux « *Saut dans la liberté*, » dont parle Engels, l'interprète le plus conforme de la pensée du fondateur de l'Internationale des travailleurs. Je veux seulement montrer ici que, sauf dans quelques écrits de propagande où ses tendances revêtent une certaine exagération d'expression plutôt que de pensée, le théoricien de l'anarchie subordonnait cependant la réalisation de son idéal aux lois toujours relatives de l'évolution. Si, dans ses envolées audacieuses, les hypothèses d'Élisée dépassent parfois toute prévision scientifique, il faut cependant ne jamais perdre de vue que toute doctrine n'est en définitive qu'une hypothèse qui va toujours au de là de la réalité observée et qui essaie d'interpréter l'inconnu par le connu ; aucune théorie n'a jamais été, n'est et ne sera jamais exacte au sens absolu ; aucune ne s'est jamais réalisée et ne se réalisera jamais dans toute sa pureté et son entièreté ; de même toute institution sera toujours à un certain moment critiquable et critiquée ; ce sont là des conditions heureusement permanentes de tout progrès social.

L'Évolution et la Révolution est le fruit de la pensée bien mûrie d'Élisée. Pour lui il n'y a pas opposition entre les deux ; des révolutions sont pacifiques, des évolutions violentes. « L'évolution et la révolution sont les deux actes successifs d'un même phénomène, l'évolution préparant la révolution, et celle-ci précédant une évolution nouvelle, mère de révolutions futures. Révolution n'est pas toujours progrès ; elle n'est pas toujours orientée vers la justice. Il y a changement continu, pas d'arrêt, progrès ou recul. Le climat et le sol peuvent empirer comme dans l'Asie centrale ; des hordes ennemies peuvent ravager des contrées à jamais ; d'un autre côté, mainte nation a pu se relever ; si elle meurt définitivement, elle le doit à sa constitution interne : c'est qu'il y a une cause intime de décadence, par exemple, la domination d'une partie de la société sur l'autre par l'accaparement de la terre, des capitaux et du pouvoir. » Dès que la foule imbécile n'a plus le ressort de la révolte contre ce monopole d'un petit nombre d'hommes, elle est virtuellement morte, c'est une question de temps. L'Assyrie, l'Égypte, la Perse, l'Empire Romain en sont le témoignage. Toutefois, tout événement est double, à la fois phénomène de mort et de renouveau, de révolutions et d'évolutions, les unes funestes, les autres heureuses ; tel le soulagement provisoire de la grande paix romaine, mais la ruine des sciences et des arts y succède, et au paganisme succède une religion plus autoritaire, plus cruelle et fanatique, contre laquelle fut impuissante la morale stoïcienne d'un petit nombre.

La période révolutionnaire de pur instinct, est dépassée aujourd'hui ; les évolutions sont de plus en plus conscientes et réfléchies ; maintenant, c'est la lutte méthodique et sûre contre l'oppression. La science sociale enseigne les causes de la servitude et les moyens de s'en affranchir. Nulle *révolution* ne peut se faire sans évolution préalable ; autrefois, quand la base sociale était étroite, le combat des rues, les barricades, un gouvernement provisoire proclamé à *l'hôtel de ville* étaient possibles.

Il est vrai, « la dignité du citoyen peut encore exiger de lui, en telle ou telle conjoncture, qu'il dresse des barricades et qu'il défende sa terre, sa ville ou sa liberté, mais qu'il ne s'imagine point résoudre la moindre question par le hasard des balles. C'est dans les têtes et dans les cœurs que les *transformations* ont à s'accomplir, avant de tendre les muscles et de se changer en phénomènes historiques. »

Les oscillations, tant progressives que régressives, sont continues ; l'axe se déplace, mais les oscillations des deux côtés ne sont jamais illimitées ; l'influence du milieu s'exercera toujours sur la société et ses dirigeants. C'est à *l'individu lui-même*, à la cellule primordiale, qu'il faut demander les causes des transformations générales avec toutes leurs alternatives. Cependant l'homme isolé est soumis à *l'influence traditionnelle* de la société ; mais d'autre part, l'individu libre laisse son empreinte sur le monde, par ses œuvres et même par ses paroles.

Un homme conscient et agissant vers l'idéal représente tout un monde, en comparaison de milliers d'autres assoupis et résignés. Malheureusement, les meilleurs ne sont pas les dirigeants, les politiciens officiels ; les meilleurs, les novateurs sont les victimes. Reclus déclare adhérer à la formule de Marx, « l'émancipation des travailleurs sera l'œuvre des travailleurs », dans son sens le plus large ; il n'aime pas les hommes providentiels, mais tous les progrès ont été accomplis par la propre initiative de révolution de citoyens déjà libres. C'est donc à nous qu'il incombe de nous libérer. Seulement, pour combattre, il faut savoir et prévoir, préparer scientifiquement la victoire qui nous donnera la paix sociale.

Nous vivons, non pas *sur* un volcan, mais *dans* un volcan convulsé par le militarisme, le fonctionnarisme, la misère, la criminalité et le vice. Heureusement, nous possédons le premier élément du savoir évolutionnaire : l'état social nous apparaît par tous ses côtés comme mauvais. Connaître la souffrance, tel est le précepte initial de la loi bouddhique. Nous connaissons la souffrance. Le deuxième stade de la connaissance est atteint, quand se pose à nous la question : Comment échapper à la souffrance ? L'histoire répond : toute obéissance est une abdication, toute servitude est une mort anticipée ; tout progrès s'est accompli en proportion de la liberté, de l'égalité et de l'accord spontané des citoyens ; tout progrès a été conquis sur le pouvoir politique et religieux, c'est-à-dire par le développement de l'anarchie. Il reconnaissait du reste, que l'expression était aussi défectueuse que celle de matérialisme chez Marx.

Aujourd'hui, le vrai maître est l'argent : le pouvoir économique qu'il donne est le troisième membre de la trinité despotique.

Il faut ajouter que toute institution sociale, dès qu'elle dure, arrive nécessairement à retarder ; elle tend toujours à devenir le contre-pied de l'idéal de ceux-là mêmes qui l'ont fondée ; la royauté, les cultes, les institutions juridiques, l'armée, continuent, même en fonctionnant au nom de la souveraineté populaire, à être des instruments de tyrannie, car « la vie toujours imprévue, toujours renouvelée, ne peut s'accomoder des conditions élaborées par un temps qui n'est plus. »

De cette contradiction, on sort en haut par des coups d'État, en bas par des révolutions. Tout pouvoir constitué contitue donc un danger, même tout pouvoir en germe est une menace. Tout pouvoir est naturellement exclusif et oppressif ; c'est le pouvoir qui provoque la dissension en réveillant les veilles haines patriotiques ou plutôt chauvines. Le patriotisme est la tendresse très légitime éprouvée pour les lieux où vécurent nos pères, où vivent nos proches et nos frères. Pourquoi le patriotisme doit-il redevenir exclusif, alors que la Société devient mondiale ? Ainsi rapetissé, le patriotisme ne représente que l'ensemble des intérêts égoïstes des classes dirigeantes.

Le premier objectif de tous les évolutionnistes conscients et actifs, doit être la connaissance la plus exacte possible de la société ambiante qu'ils veulent réformer dans leur pensée ; le second, de se rendre un compte précis de leur idéal social. Cette double préparation doit être d'autant plus scrupuleuse, qu'il s'agit d'une révolution générale de l'ensemble de la vie collective.

Le vœu capital exprimé par les miséreux des villes et des campagnes est qu'il faut du pain ; il faut à tous les hommes la nourriture et la joie, il leur faut tout ce qui permet à la force et à la santé physiques de se développer pleinement; cela suppose et nécessite l'égalité du point de départ.

La résignation, qui se comprenait quand l'homme dépendait des produits naturels, n'est plus de mise dans une société aux richesses surabondantes.

« Il y aura toujours des pauvres parmi vous, » était jadis la consécration divine de l'éternelle misère, avec la perspective d'un paradis utopique pour les déshérités et, en revanche, d'un enfer où le mauvais riche serait à jamais rongé par la faim.

Maintenant sont venus les économistes avec leurs prétendues lois de l'insuffisance des produits de la terre eu égard à la population; ils nous ont montré la perspective d'une misère générale comme conséquence de l'égalité et du rationnement dans la distribution des produits. L'idéal, le pain pour tous, n'est pas une utopie; la terre est suffisamment fertile pour nourrir et suffisamment riche pour loger convenablement tous ses habitants; « elle y suffirait même, si la consommation doublait tout-à-coup et alors même que la science n'interviendrait pas pour faire sortir l'agriculture de son empirisme. »

S'il en est ainsi, la faim est le résultat d'un crime collectif et en outre une absurdité, « puisque les produits dépassent deux fois la nécessité de la consommation. » L'état économique, au stade actuel de son évolution, justifie donc la revendication du pain comme premier idéal.

Il en est de même de notre état moral en ce qui concerne la revendication de la liberté. Nous avons le droit et le pouvoir de nous dégager de toute autorité divine ou humaine, de l'Église et de l'État. Nous avons le droit de penser, de parler et d'agir librement en contraste avec la société actuelle: ce faisant, nous ne la nions pas, nous la continuons. Plus de papes, de rois, de chefs d'armée, de ministres de l'instruction publique, de juges; c'est-à-dire « plus de chefs de quelque nature que ce soit, fonctionnaire, instituteur, patron ou père de famille, pour s'imposer en maître auquel l'obéissance est due. » La liberté de parler et d'agir est une conséquence de la liberté de penser.

Il faut que chacun ait le droit de « faire ce qu'il veut », tout en s'associant, mais librement, avec d'autres. Cette triple liberté de penser, de parler, d'agir, est incompatible avec les institutions qui la restreignent : la religion, la famille, la propriété.

Le mariage ne doit être qu'une union libre reposant sur l'affection mutuelle, le respect de soi et de la dignité d'autrui. Il faut supprimer l'accaparement de la terre et de ses produits, pour les restituer à tous. C'est en vain qu'on espère une révolution pacifique, une nuit sentimentale du 4 août, mais plus radicale, « non, il faut que justice se fasse; pour que les choses reprennent leur équilibre naturel, il faut que les opprimés se relèvent par leurs propres forces, que les spoliés reprennent leur bien. » La lutte est une nécessité. « Toute institution, même fondée, comme la République, pour combattre des criants abus, en crée de nouveaux par son contenu même; il faut qu'elle s'adapte au milieu mauvais, fonctionne en mode pathologique. » L'anarchie, idéal humain, ne peut sortir d'une forme gouvernementale quelconque; les deux évolutions sont inverses; l'anarchie ne peut sortir que d'une rupture brusque, d'une révolution. Les socialistes qui veulent conquérir l'État deviendront nécessairement réactionnaires. Il ne faut pas que l'homme libre entre librement dans un parti, car c'est se solidariser avec ses fautes; l'homme libre, unissant de plein gré, sans statuts, sa force à celle d'autres hommes agissant de la même manière, a seul le droit de désavouer les autres; « il ne saurait être tenu pour responsable que de lui-même. »

Les artisans de la société nouvelle, faibles en apparence, l'emporteront, parce qu'ils ont pour eux « le mouvement de l'initiative humaine. » Tout le passé pèse sur eux, mais la logique des évènements leur donne raison. On invoque à tort, en faveur de l'inégalité, la théorie de Darwin, de la lutte et du triomphe du plus fort; mais les révolutionnaires pourraient l'invoquer aussi, tout en comprenant, qu'entre eux, l'accord pour l'existence remplacera graduellement la lutte. Et puis les forces de l'autorité civile et spirituelle sont factices : c'est en dehors de l'école, en plein air, que le peuple s'instruit; les travailleurs surtout, connaissent déjà mieux l'économie politique que les économistes. « Les diverses formes d'impôts, progressifs ou proportionnels, les laissent froids, car ils savent qu'en fin de compte tous les impôts sont payés par les plus pauvres. » Ils savent que pour la grande majorité d'entre eux, fonctionne la terrible « loi d'airain ».

Un fait est essentiel : l'ignorance diminue, et, chez les évolutionnistes révolutionnaires associés, le savoir dirigera bientôt le pouvoir; le progrès l'emporte sur le regrès... Le fait capital est la naissance de l'Internationale des Travailleurs; elle a la même importance que la découverte de l'Amérique et

la circumnavigation de la terre; c'est le complément de l'unité
matérielle de la terre par son unité morale. Les dirigeants n'y
furent pour rien.

Il voit son idéal réalisé en germe dans la *Commune de Mont-
reuil*. De même que l'artiste pensant toujours à son œuvre la
tient tout entière dans son cerveau, avant de l'écrire ou de la pein-
dre, de même l'historien voit d'avance la révolution sociale ; pour
lui, elle est déjà faite. Cependant il y aura des luttes : à l'Internationale des opprimés répond une oppression internationale.
Seulement nos maîtres « savent qu'ils poursuivent une œuvre
funeste et nous savons que la nôtre est bonne ; ils se détestent
et nous nous entr'aimons ; ils cherchent à faire rebrousser
l'histoire et nous marchons avec elle. Ainsi les grands jours
s'annoncent ; l'évolution est faite, la révolution ne saurait tarder.
D'ailleurs, ne s'accomplit-elle pas constamment sous nos yeux
par de multiples secousses ? Plus les travailleurs, qui sont le
nombre, auront conscience de leur force, et plus les révolutions
seront faciles et pacifiques. Finalement, toute opposition devra
céder et même céder sans lutte. Le jour viendra où l'Evolution
et la Révolution se succédant immédiatement, du désir au fait,
de l'idée à la réalisation, se confondront en un seul et même
phénomène. C'est ainsi que fonctionne la vie dans un organisme
sain, celui d'un homme ou celui d'un monde. » .

V

J'ai tenu à exposer ici la philosophie sociale de notre illustre
ami dans toute sa rigueur et dans toute son ampleur. Il le fallait,
pour ne pas se méprendre sur sa doctrine et la fausser en
scindant ce dont il poursuivait au contraire la fusion, c'est-à-dire
l'Évolution et la Révolution. Ce n'est ni le lieu ni le moment
d'apprécier cette théorie ; mais quelle est l'école qui a le droit
d'en rejeter les maximes fondamentales ? Sont-ce les conserva-
teurs, soit optimistes, soit pessimistes ? Il invoque avec les derniers les lois de la lutte pour l'existence préconisées par Malthus
et avec les premiers l'harmonie nécessaire devant résulter de la
liberté naturelle ; il est ennemi de l'État-gouvernement, mais
A. Smith, H. Spencer, J. B. Say, l'étaient également ; celui-ci
n'avait-il pas dit « l'État, c'est la peste » ? Reclus les dépasse

certainement les uns et les autres; mais en réalité, ce n'est plus
l'*individu* qu'il oppose à l'État, c'est l'*homme ;* il est socialiste ;
au lieu de la concurrence, de la lutte pour la vie, il invoque le
concours et l'aide mutuels pour la vie. Il est encore étroitement
uni au socialisme ouvrier par sa conception de la dignité
morale du travailleur et du travail; plus spécialement, enfin, il
se rattache au socialisme ouvrier, et même au Marxisme, par sa
foi inébranlable dans l'Internationale des Travailleurs. Opti-
miste, il l'est certes, et à outrance, comme tous les grands novateurs ; il l'est comme Diderot, d'Alembert, Condorcet et
Godwin, ses ancêtres directs. Quand, — et ceci est la base économique du communisme anarchiste, — il affirme qu'il y a suffisamment de produits dans le monde pour que tout homme puisse
vivre d'une vie heureuse et joyeuse, sans doute il généralise
hâtivement ; mais lorsqu'on constate qu'en Angleterre, par
exemple, où il y a tant de pauvres à côté de tant de fortunes
opulentes et scandaleuses, le revenu moyen serait dès aujour-
d'hui de 2500 à 3000 francs par famille, cela ne donne-t-il pas
matière à de suggestives réflexions ? N'est-ce pas ce qui avait
permis à J. St. Mill, le célèbre disciple de Bentham et de
Ricardo, de dire, dans ses *Principes d'économie politique*, après
avoir étudié les divers systèmes socialistes de son époque :
« S'il fallait choisir entre le communisme avec toutes ses
chances, et l'état actuel de la société, avec toutes ses souffrances
et ses injustices...., toutes les difficultés du communisme,
grandes ou petites, ne seraient qu'un grain de poussière dans
la balance. » Heureusement depuis, la science et les réformes
ont progressé ; l'alternative ne se présente plus d'un façon
aussi simple et aussi rigoureuse. Ce que nous savons maintenant c'est qu'il y a une évolution constante, non seulement des
forces, mais également des formes, c'est-à-dire des institutions
sociales ; celles-ci et l'État lui-même se transforment progres-
sivement ; mais, Reclus avait raison, à mon sens, au point de
vue de la direction de ce mouvement ; ce mouvement se fait
dans le sens de l'affaiblissement graduel de tous les despotis-
mes, de tous les absolus : économique, religieux, philosophique,
politique. Là, sa doctrine se confond avec le socialisme scientifique et avec la sociologie qui ne font qu'un, et par des voies
en partie différentes, aboutissent de plus en plus aux mêmes
conclusions.

Quant à la révolution, nous l'avons vu, Élisée finit par

l'absorber dans une évolution pacifique, et ce n'est pas une des des moindres ironies sans doute que nous réserve la science, en rapport avec la complexité des lois de la vie, que de voir aujourd'hui même, alors que l'audacieux novateur que fut notre regretté collègue se rattache aux théories transformistes de l'évolution graduelle et pour ainsi dire insensible, toute cette théorie, au moins en biologie, remise en question par le savant Hugo De Vries, qui restaure la doctrine des révolutions brusques et par masses, doctrine qui, sans doute, comme celle de Darwin, aura sa répercussion sur la science sociale, perspective inattendue qui n'a pas empêché l'Académie royale de Belgique d'accueillir le grand révolutionnaire dans son sein.

Certes, Reclus fut idéaliste; au sommet des hauteurs qu'il a laborieusement gravies, il eut ce noble vertige, le désir ardent de s'élever plus haut encore ; de là, son amour de la navigation aérienne, qui elle-même, comme je le disais en commençant, est, en dehors de toutes ses applications utilitaires, comme le jeu de balle pour l'enfant, une satisfaction de notre besoin d'idéal. Chez lui, cette soif d'idéal était infinie : le ballon captif lui répugnait. Dans le libre espace aérien, comme dans toutes les régions du globe où il avait séjourné, il se sentait encore chez lui.

Les dernières années de sa vie s'écoulèrent au milieu de la même activité débordante, pour ainsi dire surexcitée par la vision du repos prochain.

En 1901, avec son frère Onésime, il publie l'*Afrique Australe* et plus tard l'*Empire du Milieu*, s'efforçant ainsi de rattacher son œuvre géographique aux évènements contemporains d'Afrique et d'Extrême-Orient. Il donne plusieurs articles dans *Die Wage*, fournit des préfaces au *Socialisme en danger* de Domela-Nieuwenhuys, à *Pour la Vie* de Myrial, sans compter des brochures : *L'enseignement de la Géographie* et *L'Anarchie et l'Église*. Dans celle-ci, il indique en quoi il diffère dans sa conception morale de celle de Tolstoï : celui-ci prêche la non-résistance; lui, la résistance et même la révolte, mais sans haine, sans esprit de rancune ni de vengeance ; il ne veut pas de retour à l'Évangile ; il faut, au contraire, déchristianiser le peuple, et, à cet effet, libérer l'école de l'enseignement religieux et même de celui de l'État.

En 1902, outre ses articles dans l'*Éducation sociale* de Lyon, l'*Humanité Nouvelle*, *Les Temps nouveaux*, *La Revue*, il donne une conférence géographique à Anvers.

En 1903-1904, il continue sa collaboration aux mêmes
journaux et revues, et, en outre, dans *El sol*, *Il pensiero* et l'*Almanach de la Révolution*; il conférencie à la Société de Géographie
de Londres et à la Société d'Astronomie de Bruxelles.

VI

C'est en janvier 1904, que le patriarche de la famille, son
inséparable Élie, meurt; Élisée se sentit, pour la première fois
peut-être, atteint par cette destruction presque subite du frère
aîné, dont la vie s'était confondue avec la sienne. Maintenant,
me dit-il, c'est mon tour. Il devenait le patriarche avant de
passer au rang d'ancêtre; cette tradition d'une continuité
morale, ce prestige de l'ancien de la famille, semblent être une
des caractéristiques de cette noble famille, issue de huguenots
sans cesse persécutés, mais d'autant plus fraternellement solidaires malgré la dispersion de ses membres dans l'espace et à
travers le cours séculaire de ses générations successives.

Alors, après ce grand deuil avertisseur, Élisée poursuit
avec une ardeur encore plus grande, l'achèvement de l'œuvre
importante dont il a commencé l'élaboration depuis plus de dix
ans. Sa maladie s'aggrave, il s'évanouit à diverses reprises au
milieu de ses leçons, et, revenu à lui, il se hâte de donner à
ses collaborateurs des instructions pour l'achèvement de son
œuvre.

La vie l'emporta une dernière fois sur la mort ; le 15 avril
1905 put paraître la première livraison de *L'Homme et la Terre*,
dont la publication se poursuit depuis lors sans interruption
et qui est le couronnement du grand édifice de la *Géographie
Universelle*. Dans la préface, il résume ainsi la pensée fondamentale de l'œuvre nouvelle : « La lutte des classes, la
recherche de l'équilibre et la décision souveraine de l'individu,
tels sont les trois ordres de faits que nous révèle l'étude de la
géographie sociale et qui, dans le chaos des choses, se montrent
assez constants pour qu'on puisse leur donner le nom de lois.
C'est déjà beaucoup de les connaître et de pouvoir diriger,
d'après elles, sa propre conduite et sa part d'action dans la
gérance commune de la société, en harmonie avec les influences
du milieu, connues et scrutées désormais. C'est l'observation de-

la Terre qui nous explique les *éléments de l'histoire* et celle-ci
nous ramène à son tour, vers une étude plus approfondie de la
planète, vers une solidarité plus consciente de notre individu,
à la fois si petit et si grand, avec l'immense univers. »

Ses derniers articles parurent dans *L'Insurgé* et enfin, le 15
mai 1905, dans *Les Temps nouveaux*; ainsi, jusqu'au bout, sa foi
révolutionnaire resta inséparable de sa conception évolutionniste
de la terre, de l'homme et de la société. Gravement malade, il
s'était retiré à Thourout, au milieu des bois de sapins et à peu
de distance de la mer; ses amis espéraient encore que, comme
l'année précédente, il vaincrait la maladie, tant était extraordinaire sa vitalité. Il continua, au milieu de crises de plus en plus
aiguës, à y corriger les épreuves de son ouvrage; sa puissante
intelligence devait rester intacte jusqu'au dernier jour. De là, il
m'envoyait encore, sans doute comme un adieu suprême, sa
nouvelle et admirable *Introduction à la Géographie de la France*,
œuvre à la fois géographique et statistique, monument merveilleux au milieu de tant d'autres. Le matin du 4 juillet, il se sentit
mourir. Il donna ses dernières *instructions* à sa famille et à
quelques amis : disparaître simplement, modestement, comme
il avait vécu. Ce dernier jour encore, quand déjà il semblait
éteint, il se ranima un instant; les événements de Russie avaient
éveillé en lui le constant idéal de sa vie; le savant évolutionniste voyait sa foi révolutionnaire de nouveau confirmée par
l'histoire; il cessait déjà de souffrir et sur lui s'appesantissait le
dernier sommeil; alors quelqu'un lui cria à l'oreille : le Kniaz-
Potemkin s'est révolté! Et Élisée lui aussi se soulève, se
redresse, la figure rayonnante, avec, dans les yeux, cette
flamme de jeunesse sans laquelle on ne pourra jamais se le
représenter, et s'écrie : « La Révolution, enfin, voilà la Révolution! » Et sur ce cri, il retombe, il a expiré son dernier souffle.

Huit jours après s'éteignait la noble et douce compagne
d'Élie. Maintenant, tous les trois reposent au cimetière d'Ixelles ;
la commune, pendant les onze années de leur séjour en Belgique, leur fut hospitalière; elle l'a été encore après leur mort; en
Belgique, comme ailleurs, les Reclus furent chez eux; ils y
furent des *citoyens du monde*, car notre pays est un pays
international.

Ixelles a décidé de donner le nom de Reclus à une de ses
places publiques; Élisée, certes, aurait protesté; mais s'il est
vrai, suivant la pensée de Comte et de Spencer, que les morts

gouvernent les vivants, il eût lui-même corrigé cette maxime en disant que les vivants gouvernent les morts, que ceux-ci ne s'appartiennent pas plus qu'ils ne se sont appartenus au cours de leur existence. Sa vaillante sœur, Madame Dumesnil, sa constante collaboratrice depuis vingt ans, et le fils d'Élie, poursuivront la publication de son œuvre, ainsi que les travaux de son Institut de Géographie avec ses autres collaborateurs et disciples.

Élisée et Élie Reclus furent non seulement les continuateurs directs des Encyclopédistes du XVIIIe siècle, mais ils sont également parmi les plus nobles représentants de cette génération humanitaire qui, au sortir d'une longue réaction, commença à s'épanouir vers 1848 avec une puissance d'idéal qui, depuis, ne fût et ne sera peut-être plus jamais atteinte. Ce fut l'âge des Dieux et des Titans de la philosophie sociale, luttant furieusement entre eux à coups de montagnes et de foudre, système contre système, monde contre monde : Marx, Bakounine, Proudhon, Louis Blanc succédant eux-mêmes, comme Jupiter à Saturne, aux anciens dieux : Fourier, St-Simon, Godwin et R. Owen, les ancêtres divins et communs.

Maintenant, l'ère des Dieux et des Titans et même celle des Héros, après 1871 et les Reclus, semble close ; le monde géographique et social nous est connu dans ses grandes lignes ; le moment du travail et de la culture intense sont arrivés ; c'est le siècle des travailleurs savants et tenaces, creusant le sol et la pensée de plus en plus profondément, de la superficie jusqu'aux éléments les plus intimes. Les grands systèmes, en se heurtant terriblement, se sont brisés ; en se différenciant presqu'à l'infini, ils ont fait ressortir précisément leurs caractères communs ; de même, les sociétés humaines et les hommes en général, en multipliant sans cesse leurs fonctions spéciales, ont mis au jour, en même temps que l'originalité croissante de chaque individu, la solidarité fondamentale sans laquelle cette originalité même ne serait pas réalisable.

C'est dans la société la plus vaste et la plus complexe, la plus différenciée et en même temps la mieux coordonnée, que l'homme est le plus libre ; c'est dans une telle société, qu'avec les progrès de la science et de la technique, nous pouvons dès maintenant entrevoir que l'homme individuel, après avoir consacré une part de moins en moins excessive au travail nécessaire et spécial dont il comprendra lui-même l'importance

générale, pourra se consacrer librement à une activité de plus
en plus volontaire et désintéressée, aussi avantageuse du reste
pour la société que pour lui-même.

L'anarchie, dans le sens scientifique du mot, aura donc son
domaine dans la cité future, et même on peut espérer que la
discipline nécessaire qu'exige toute production industrielle,
cessera d'être considérée comme une contrainte du moment,
qu'elle sera comprise comme une condition naturelle du travail,
à laquelle l'homme doit s'adapter pour en être le maître et la
diriger. Cette adaptation est aussi naturelle et nécessaire que celle
de l'homme à la terre par leur fusion réciproque dont l'idée
domine toute l'œuvre de Reclus. La terre est le nid de l'homme,
le milieu physique est inséparable de la société; ils forment un
tout; le nid fait l'homme, mais l'homme fait également son nid.

Sans doute, l'idéal communiste anarchiste d'Élisée apparaît
sous des formes trop absolues; mais il faut l'interpréter par l'ensemble de sa conception; lui-même insiste toujours sur ce que, dans le
devenir continu des choses et des hommes, le temps et l'espace
sont des facteurs essentiels, et nous devons également nous
rappeler, pour l'apprécier sagement, que tout novateur est
nécessairement un révolté, un révolutionnaire dans toutes les
sciences quelconques, que toujours le novateur réagit contre
l'erreur existante qui fut cependant aussi, pendant un certain
temps, une vérité relative, mais cristallisée en dogme absolu et
dès lors néfaste.

Rien n'est absolu, tout est relatif et ceci même peut-être
n'est pas absolu. La vie de notre noble et à jamais regretté
collègue est la confirmation constante de cette loi sans laquelle
aucune science n'est possible; la vie est une relation, la vie
sociale également: c'est la relation, la correspondance de tous
avec tous et avec tout, la relation la plus élevée et la plus complexe. C'est, en effet, un remarquable et sublime contraste qui
ressort de son existence, mise en rapport avec sa doctrine.
L'homme qui, après Rabelais, avait proclamé l'audacieuse formule morale : *fais ce que veux*, fut précisément celui qui se donna
le plus complètement au monde et à tout le monde; c'est lui qui
s'est le moins appartenu; il fut le moins égoïste des humains;
il s'était livré corps et âme à autrui comme il s'était absorbé
dans la nature; il voulut en réalité ce que le monde voulait,
plus d'amour, plus de liberté, plus d'égalité, plus de fraternité,
plus de justice et de bonheur. Il le voulut dans la mesure de sa

volonté, en somme dans la mesure de son pouvoir; celui-ci fut comme elle, énorme, bien que fondé uniquement sur la persuasion. Il fut une grande force au service de l'humanité et une force humaine; un puissant récepteur et distributeur d'énergie, admirablement doué par l'hérédité, par son milieu et son propre développement acquis. A un tel homme, l'humanité souffla son inspiration, lui disant : « fais ce que veux », comme à d'autres, plus faibles, elle insinue plus doucement : « fais ce que peux », formules au fond identiques et équivalentes à cette autre : « fais ce que dois ».

Et tout cela aboutissait chez Reclus à la plus large tolérance, à cette tolérance à la fois pratique et scientifique qui est l'âme de notre Université Nouvelle, où toutes les théories affluent librement et finiront par se fusionner en des croyances positives communes à la grande société universelle. Déjà le monde physique et social forme un tout plus uni et moins divisé qu'autrefois; les troubles actuels encore persistants de la conscience collective ne sont des troubles pathologiques qu'en apparence; ils correspondent en réalité à une crise de développement et de croissance. L'humanité présente encore des phénomènes douloureux d'inéquilibre et de double conscience, et ces phénomènes se répercutent sur l'individu. Toutefois, il ne faut pas s'y méprendre; tout cela se passe dans une seule et même société, dans un seul et même corps. Quand nous nous livrons aux horreurs de la guerre internationale aussi bien qu'aux atrocités des luttes civiles, c'est toujours une seule et même société qui se frappe et s'ensanglante elle-même; tel l'aliéné qui, doué aussi de consciences multiples et se figurant être des personnalités distinctes, s'injurie et se donne des coups. C'est seulement en nous plaçant à ce haut point de vue positif, que nous pouvons tout comprendre, tout embrasser et aussi tout réformer.

Alors la révolte nous apparaît comme une des forces de la vie sociale, comme une révolte contre nous mêmes, comme la protestation contre la non correspondance des institutions existantes avec la vie réelle qui les a déjà dépassées, mais qui tend cependant toujours à s'incarner dans de nouvelles formes qui à leur tour, de progressives, deviendront un jour retardataires et oppressives.

Le progrès consiste à rendre cet éternel mouvement, conscient, régulier, méthodique et dès lors pacifique. Ce fut la tendance constante de l'humanité ; ce fut l'œuvre à laquelle a concouru et concourra sans doute toujours l'anarchie ; comprendre le rôle social de celle-ci sera en faire une force régulière au service de la société, une force organique et pacifique.

Tel est en effet, l'enseignement de l'histoire.

Romulus, pontife et roi, après avoir tracé le sillon sacré qui constitue la frontière de la Rome primitive, tue son frère révolté qui franchit l'ence nte, et aucune protestation autre que celle de la victime ne semble s'être élevée contre le fratricide perpétré au nom de la raison d'État.

Dans une civilisation plus avancée, la Grèce crée la merveilleuse légende de Prométhée, immortalisée par Eschyle. Prométhée, « le voyant et le prévoyant », a dérobé aux dieux le feu céleste, principe de tous les arts ; de cela il est puni : les dieux ont fait appel à la force, à la violence ; seulement, au-dessus de Jupiter, il y a la nécessité : les dieux n'éviteront pas leur destin, ils périront. Quant à Prométhée, quoique dieu lui-même, il s'est donné aux hommes, il est victime de son humanité ; son supplice, il l'a prévu et voulu. Il restera enchaîné et torturé sur son rocher, en proie aux immondes vautours, jusqu'à l'heure inévitable de sa délivrance finale. Cette délivrance, il la pressent ; mais nul pour le moment ne vient à son secours. Cependant, il a donné aux hommes tout ce qu'il pouvait ; il n'a pas été, comme le Christ plus tard, un simple prometteur de beaux jours dans un monde imaginaire.

Mais voyez, dans la même Hellade, après Marathon et Salamine, la Grèce se sent maîtresse de ses destinées ; elle s'est différenciée de l'Asie par une civilisation plus haute et la loi de la cité antique ne cadre plus avec sa vie réelle ; dans *les Sept contre Thèbes* nous assistons au drame émouvant de la révolte contre la loi ancienne. Polynice, l'ennemi de Thèbes, a été tué ; d'après l'arrêt du Sénat, il doit, conformément à la loi de la cité, rester sans sépulture et être la proie des chiens ; ses parents mêmes ne pourront l'accompagner au tombeau. Et c'est ici que se place ce dialogue entre sa sœur Antigone et le héraut du Sénat :

— *Antigone* : Et moi, je le déclare à ces chefs du peuple, si personne ne veut m'aider à ensevelir mon frère, je l'ensevelirai seule ; j'en courrai le danger. Pour ensevelir mon frère, je donnerai, sans rougir, le signal de *l'anarchie*. Le sang me parle trop pour lui, ce sang d'un père et d'une mère infortunés qui nous ont fait naître. Je partage volontairement son malheur

involontaire; il est mort, mais je suis toujours sa sœur. Des
loups aux entrailles affamées ne se repaîtront point de ses
chairs. Que personne n'ose le penser. Je ne suis qu'une femme,
mais je saurai lui creuser un tombeau. Je l'y porterai dans mes
bras, enveloppé dans ces voiles de lin; qu'on n'en doute pas;
j'en trouverai le moyen et la force.

— *Le héraut* : Princesse, ne désobéis pas au Sénat .

— *Antigone* : Héraut, ne m'annonce point un ordre inutile.

— *Le héraut* : Échappé au danger, le peuple est à craindre.

— *Antigone* : Qu'il soit à craindre ou non, j'ensevelirai mon
frère.

Et alors, l'évolution représentée par les stades légendaires
de Romulus et de Prométhée est *non seulement* confirmée,
mais dépassée : d'abord aucune protestation, puis la prévision
d'une délivrance future, dans ce dialogue d'Eschyle, où
s'entrechoquent à nouveau ce qui est et ce qui doit être pour
que se poursuive le devenir, le peuple, symbolisé sur la scène
par le chœur, flotte d'abord indécis, puis il se partage en
deux demi-chœurs et le second demi-chœur suit Antigone
en disant : — Que la cité épargne ou punisse ceux qui pleu-
reront Polynice, nous, nous irons accompagner ses funérail-
les... *Souvent la cité a varié dans ses règles de justice.*

En fait, l'ancienne loi de la cité est brisée; une loi plus
large, plus humaine, va la remplacer; une société plus grande et
plus haute se constitue : révolution et évolution. Et c'est une
faible femme, symbole de fraternité, de paix et d'amour, qui est
la grande force dont l'humanité se sert pour l'opposer à la
guerre fratricide et à la raison d'État.

Éclairée ainsi par le flambeau de l'histoire, la pensée
de Reclus, qui est l'âme de toute son œuvre, à la fois géographique et sociale, nous apparaît en pleine lumière, dans
ses vraies proportions, dans toute sa pureté et toute sa grandeur.
De tels hommes n'ont pas besoin de monuments; celui que
Reclus a édifié suffit à sa mémoire. C'est un monument bien
réel, mais surtout idéal, d'un idéal qui se prolonge dans un
lointain confinant aux horizons les plus reculés de la découverte
scientifique. Ici encore, il semble que l'humanité se soit d'elle-
même symbolisée dans un de ses plus nobles et plus puissants
représentants. Là bas, bien loin, vers le pôle Sud, dans l'Océan
glacial antarctique, aux plus lointaines extrémités de la Terre où
l'homme est parvenu à étendre sa recherche, là, dans le détroit

de de Gerlache, est un cap portant le nom d'Élisée Reclus. Ainsi, désormais, le souvenir du penseur, dont l'idéal fut le plus lointain, se trouve rattaché aux extrémités les plus distantes de cette Terre et de cette Humanité qu'il a tant aimés ; en même temps toutefois, il restera inséparable de la région particulière où s'écoulèrent ses dernières années, au milieu de nous, « ses frères les plus proches parmi ses autres frères du globe ».

A un tel homme, il ne faut pas d'autre monument que celui qu'il a élevé par son propre labeur, pas d'autre inscription funéraire que celle qui a associé son nom à une partie même de la terre. Ainsi, la postérité se conformera à la pensée intime de notre illustre collègue, qui fut de retourner et de se fondre au sein de cette humanité anonyme dont son hérédité et les circonstances permirent qu'il incarnât, pendant un temps, une des forces les plus pures et les plus glorieuses !

Note de la page 23

Un jugement rendu par le 7me Conseil de Guerre permanent de la 1re Division militaire, siégeant à Saint-Germain-en-Laye, a, le 15 novembre 1871, à la majorité de 5 voix contre 2, condamné Élisée Reclus à la déportation simple, comme coupable d'avoir porté des armes apparentes dans le mouvement insurrectionnel de Paris et d'avoir fait usage de ces armes.

La peine de la déportation simple a été commuée, par décision de la Commission des Grâces, du 15 février 1873, en dix années de bannissement.

*
* *

Voici le texte d'une lettre qu'Élie Reclus a adressée à son frère Élisée, à cette occasion, le 17 novembre 1871 :

Deux mots et pas davantage, deux mots de Fanny m'apprennent que tu es condamné à la déportation.

C'est un des grands moments de ta vie, mon cher ami. Tu as reçu devant la France, par le Conseil de Guerre assemblé, le témoignage que tu es un homme. Tu as été ferme, digne, honnête, sincère et juste devant les coups de fusil, à travers les prisons, et devant la déportation. Tu as calmement et constamment agi comme tu penses. Après sept mois de captivité, à fond de cale de la société française, ils n'ont pu ni te souiller, ni t'amoindrir. Au-dessus de leur monde infime et infâme de plates et odieuses mais mesquines vilénies, tu te tiens toujours debout, tu marches toujours droit. Encore un peu, ils t'eussent cassé, mais ils ne t'ont pas fait plier. Tu es une conscience. Au fond, je ne te plains pas, mon brave Élisée. Quand on est maître, comme nous le sommes, d'un domaine intellectuel et moral sur lequel on peut vivre très à son aise, avec un vaste esprit comme le tien, où se meuvent comme dans une fourmillière bien ordonnée, des milliers de pensées vivantes, avec les souvenirs que tu portes en toi, avec les affections qui t'entourent, et surtout avec celles que tu éprouves, ton âme vit libre et sereine dans un monde qui peut et doit te suffire.

Tu peux sourire, avec un dédain amer il est vrai, à tous ces absintheurs et traineurs de sabre qui, après avoir infligé à notre pauvre et malheureuse France, la plus ignoble raclée connue dans l'histoire, lavent leur honte dans le sang des Français, en égorgeant les républicains, en massacrant les ouvriers. Nous pouvons dire avec fierté : Nous ne sommes pas de ces Mouravieff qui pendent, nous sommes de ces Mouravieff qu'on pend.

Tout considéré, il vaut mieux pour notre cause que tu aies été condamné. Ton acquittement eût, dans notre esprit, fait involontairement absoudre bien des massacres, et cela n'eût pas été juste. Que toi, tu aies défendu la République et la Commune, et que ces Saint-Cyriens et Figarotiers te déportent, cela suffit pour ceux qui te connaissent et les connaissent.

Il s'agit, mon ami, de survivre au malheur. Ils t'ont jeté à la mer, dans la tempête, mais tu es fort nageur, garde la tête au dessus des vagues.

Tu fais sans doute de la gymnastique entre tes quatre murs ?
Tâche de manger davantage pour en faire davantage. Veille sur
ta circulation nerveuse. Que ton esprit sain maintienne ton
corps en santé. Va, mon bon Élisée, nous nous reverrons, nous
nous retrouverons.

Ton frère
ÉLIE

*
* *

Nous avons dit, page 23, qu'Élisée Reclus avait déclaré
au Conseil de Guerre n'avoir pas tiré un coup de fusil. Le fait
était vrai. Mais alors, le Président militaire, lui aurait posé
cette question : « Cependant, qu'auriez-vous fait si... et si...? »
etc... etc... Élisée aurait répondu : « J'aurais tiré comme les
camarades! »

En somme, de même qu'il avait d'abord proclamé ses
sentiments d'humanité, il aurait riposté à une question insi-
dieuse en affirmant ses sentiments de solidarité. Il n'y a pas là
contradiction; les deux versions se concilient et mettent en
plein jour la grandeur morale de l'accusé !

Original en couleur

NF Z 43-120-8